兵庫県
岡山県
松江19
広瀬3
母里1
鳥取県
鹿野3
若桜2
鳥取33
豊岡2
出石3
柏原2
篠山6
三草1
浜田6
島根県
津和野4
長州37
対馬10
平戸新田1
平戸6
佐賀県
福岡県
小倉新田1
小倉15
清末1
長府5
山口県
広島43
広島新田3
広島県
福山11
松山5
浅尾1
足守3
勝山2
岡山32
津山10
新見2
岡山新田2
岡田1
庭瀬2
三日月2
山崎1
安志1
姫路15
三田4
唐津6
福岡47
蓮池5
小城7
佐賀36
柳河12
久留米21
秋月5
徳山4
岩国6
鴨方3
赤穂2
龍野5
林田1
小野1
明石8
五島1
長崎県
中津10
日出2
杵築3
今治4
多度津1
高松12
岸和田5
伯太1
狭山1
鹿島2
大村3
三池1
森1
松山15
小松1
西条3
丸亀5
香川県
愛媛県
徳島26
徳島県
大阪府
紀州56
和歌山県
田辺4
島原7
土佐新田1
土佐24
高知県
薩摩77

シリーズ藩物語

福山藩

八幡浩二……著

現代書館

プロローグ

福山藩物語

現在の広島県は、旧国でいうところの安芸《あき》と備後《びんご》の二ヵ国から成り立っている。そもそも、東半部に位置する備後国は、文字通り「吉備《きび》の後国《しりのくに》」であり、現在の岡山県に相当する備前《びぜん》・備中《びっちゅう》とともに、古代の吉備国を構成する一国であった。そのため備後地域は、歴史的にも文化的にも古くから吉備地域の影響が強く、安芸地域とは一線を画していた。諸国の風俗をまとめた『人国記《じんこくき》』においても、備後国の風俗は「……（前略）大体は西備中の風俗なり。……（後略）」と記されている。

余談ではあるが、備後地域と岡山県の強い関係性は今も銀行や新聞社の分野で、古代吉備国の残影を垣間見ることができる。

そのような歴史的背景もあってか、広島県内における安芸と備後の両地域は、今なお社会や経済、そして文化といった面において、異なった様相が見受けられる。例えば、広島弁という方言については、広島市を中心とした安芸弁と、福山《ふくやま》市を中心とした備後弁といったように分けられるし、産業構造についてみても、広島市域の自

藩という公国

江戸時代、日本には千に近い独立公国があった

江戸時代。徳川将軍家の下に、全国に三百諸侯《しょこう》★の大名家があった。ほかに寺領や社領、知行所《ちぎょうしょ》★をもつ旗本領《はたもとりょう》などを加えると数え切れないほどの独立公国があった。そのうち諸侯を何々家《け》家中《かちゅう》と称していた。家中は主君を中心に家臣が忠誠を誓い、強い連帯感で結びついていた。家臣の下には足軽《あしがる》層《そう》★がおり、全体の軍事力の維持と領民の統制をしていたのである。その家中を藩と後世の史家は呼んだ。

江戸時代に何々藩と公称することはまれで、明治以降の使用が多い。それは近代からみた江戸時代の大名の領域や支配機構を総称する歴史用語として使われた。その独立公国たる藩にはそれぞれ個性的な藩風《はんぷう》と自立した政治・経済・文化があった。幕藩体制とは歴史学者伊東多三郎《いとうたさぶろう》★氏の視点だが、まさに将軍家の諸侯の統制と各藩の地方分権が巧く組み合わされていた、連邦でもない奇妙な封建的国家体制であった。

今日に生き続ける藩意識

明治維新から百五十年以上経っているのに、今

動車産業を中心とした大規模製造業に対して、多数のオンリーワンやナンバーワンの中小企業が集積する備後圏といった異なる構図がみてとれるのである。

ところで、広島県内における安芸と備後という両地域の異なる地域性は、いつ頃から、どのような内容で形成されてきたのであろうか。考古学的研究によると、そうした状況はすでに弥生時代において、その萌芽が認められるといわれるものの、やはり元和五年（一六一九）の福山藩の成立こそが、大きなインパクトとなったことは間違いなく、その後の地域形成に大きな影響を与えたことは自明であろう。

歴史に〝もし〟はないといわれているが、慶長五年（一六〇〇）の関ヶ原の戦い後、芸備《げいび》両国を一元的に支配した福島正則《ふくしままさのり》が改易されることなく、福島氏が無事に廃藩置県を迎えたならば、おそらく現在にみられるような地域性とは異なったものとなったであろう。先の方言や産業構造の相違も然りである。

福山藩の成立には、毛利氏などの中国筋の有力外様大名に対する「西国の鎮衛《ちんえい》」という役割があり、水野氏・幕府領・松平氏・阿部氏と有力な譜代大名が代々配され、治政が行われたのである。

でも日本人に藩意識があるのはなぜだろうか。明治四年（一八七一）七月、明治新政府は廃藩《はいはん》置県《ちけん》★を断行した。県を置いて、支配機構を変革し、今までの藩意識を改めようとしたのである。ところが、今でも、「あの人は薩摩藩の出身だ」とか、「我らは会津藩の出身だ」と言う。それは侍出身だけでなく、藩領出身も指しており、藩意識が県民意識をうわまわっているところさえある。むしろ、今でも藩対抗の意識が地方の歴史文化を動かしている。そう考えると、江戸時代に育まれた藩民意識が現代人にどのような影響を与え続けているのかを考える必要があるだろう。それは地方に住む人々の運命共同体としての藩の理性が今でも生きている証拠ではないかと思う。

藩の理性は、藩風とか、藩是《はんぜ》とか、ひいては藩主の家風ともいうべき家訓などで表されていた。

〔稲川明雄（本シリーズ『長岡藩』筆者）〕

諸侯▼江戸時代の大名。

知行所▼江戸時代の旗本が知行として与えられた土地。

足軽層▼足軽・中間・小者など。

伊東多三郎▼近世藩政史研究家。東京大学史料編纂所教授を務めた。

廃藩置県▼幕藩体制を解体する明治政府の政治改革。廃藩により全国は三府三〇二県となった。同年末には統廃合により三府七二県となった。

シリーズ藩物語 福山藩

目次

これも福山

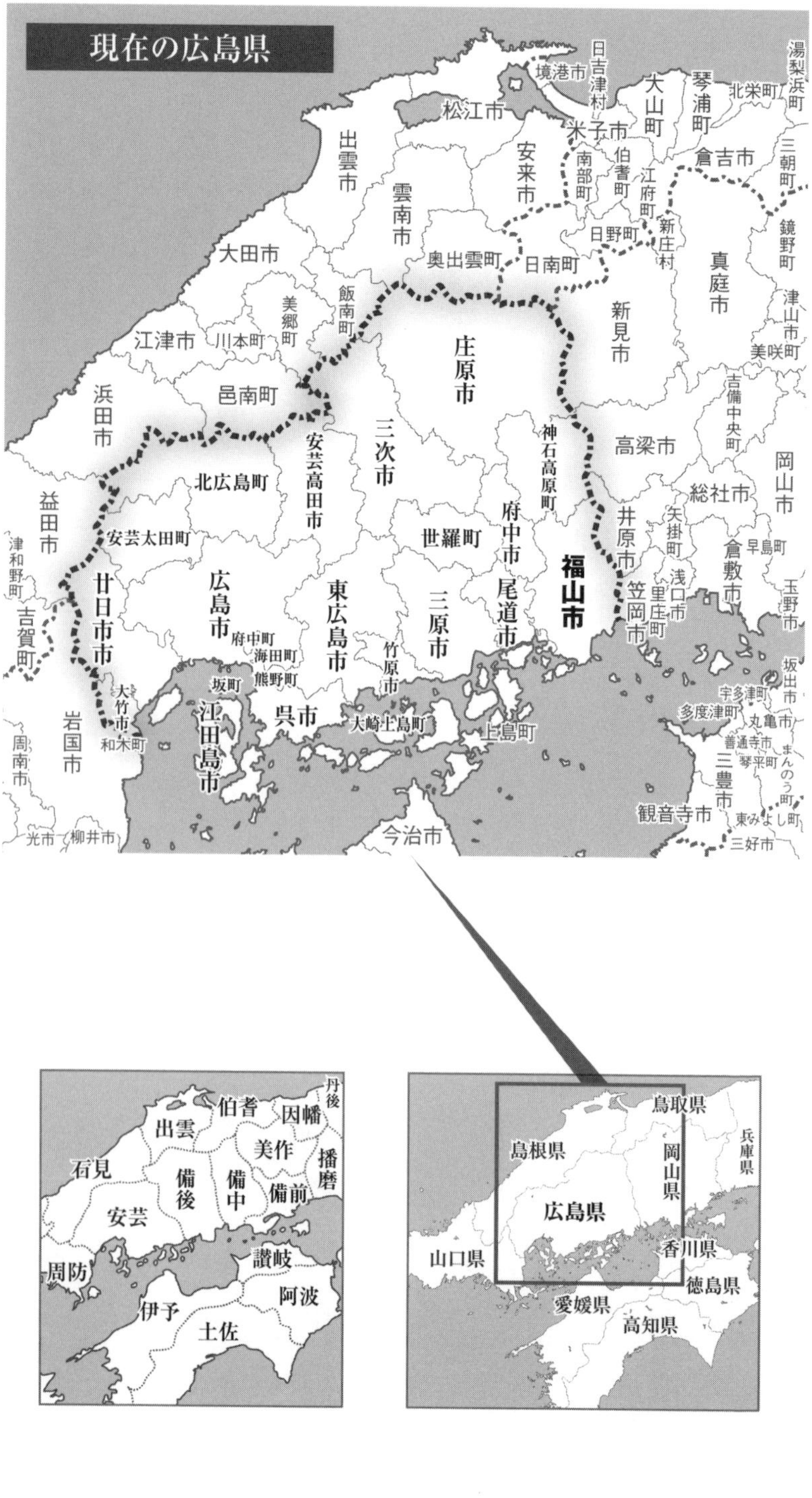
現在の広島県
境港市
日吉津村
松江市
米子市
大山町
琴浦町
北栄町
湯梨浜町
出雲市
安来市
南部町
伯耆町
江府町
倉吉市
三朝町
雲南市
日野町
新庄村
鏡野町
大田市
奥出雲町
日南町
真庭市
美郷町
飯南町
新見市
津山市
江津市
川本町
庄原市
美咲町
浜田市
邑南町
吉備中央町
三次市
神石高原町
高梁市
安芸高田市
岡山市
北広島町
総社市
益田市
府中市
井原市
矢掛町
安芸太田町
世羅町
倉敷市
早島町
津和野町
福山市
浅口市
廿日市市
広島市
東広島市
三原市
尾道市
笠岡市
里庄町
玉野市
吉賀町
府中町
海田町
竹原市
坂出市
熊野町
宇多津町
坂町
大竹市
江田島市
呉市
大崎上島町
上島町
多度津町
丸亀市
岩国市
和木町
善通寺市
周南市
琴平町
まんのう町
三豊市
観音寺市
東みよし町
光市
柳井市
今治市
三好市
丹後
伯耆
因幡
出雲
美作
播磨
石見
備後
備中
備前
安芸
讃岐
周防
阿波
伊予
土佐
鳥取県
島根県
岡山県
兵庫県
広島県
山口県
香川県
徳島県
愛媛県
高知県

第一章 福山藩前史

中世における福山湾岸地域の経済圏の形成と近世社会への幕開け。

明王院五重塔（国宝）

① 考古学からみた中世の福山

中世の福山湾岸には、いくつかの津が存在しており、それらは、瀬戸内海交通の一角を占め、地域経済圏を形成した。その中の一つである「草戸千軒町遺跡」は、中世考古学の先駆けであり、中世民衆生活の実態を解明したことで広く知られている。

瀬戸内海交通と津のネットワーク

瀬戸内海のほぼ中央に位置する福山は、東西の潮流がぶつかり、分かれていくという潮目にあたる。その地理的な特性から、近代以前の海上交通において最も重要なエリアであったといえる。

備後一の大河である芦田川《あしだがわ》が瀬戸内海に流れ出る河口付近は、かつて大きく湾入した地形（福山湾）であった。現在では、河川による堆積作用や、後世の干拓などにより海岸線は一変しているが、福山城が位置する中心部には、今でも「深《ふか》津《つ》★」「吉津《よしづ》」「奈良津《ならづ》」「津之郷《つのごう》」といった津の付く地名がみられることから、湾岸にはいくつかの津（港湾）が点在していたことをうかがい知ることができる。

古代から中世にかけて福山湾岸に点在した津は、単なる地域における経済的活

▼深津
平安時代初期に記された仏教説話である『日本霊異記』（正式な書名は『日本国現報善悪霊異記』）には、港湾拠点の一つであった深津の市にまつわる「髑髏の目から竹の子を抜いて、不思議なしるしが現れた」（下巻 第二十七）という話がある。

動の拠点であっただけではなく、そこには大きな寺院が建立されるなど、文化的活動の拠点でもあったことが、考古学的調査で明らかにされている。そのうちの一つがかつて「草津《くさつ》★」と呼ばれた草戸千軒町《くさどせんけんちょう》遺跡である。

中世瀬戸内の港町

備後地域を代表するに港といえば、瀬戸内海の基幹港湾である鞆《とも》や尾道《おのみち》の名が直ぐに思い浮かぶが、かつては「川底に眠るまち」「日本のポンペイ」「幻の港町」などと評され、歴史教科書にも掲載される草戸千軒町遺跡は、地域に密着した地域港湾に位置付けられるものである。

草戸千軒町遺跡（以下、草戸千軒）★は、福山市草戸町に所在する中世（鎌倉時代～室町時代）の集落遺跡であり、遺跡が芦田川の河口に立地することから、まさに水陸交通の河川交通の結節点であるといえよう。

草戸千軒と指呼の位置にある芦田川右岸の山麓に、当時は常福寺《じょうふくじ》（現・明王《みょうおう》院《いん》）と呼ばれた古刹があり、その五重塔の相輪伏鉢《ふくばち》には、貞和四年（一三四八）に兜率天《とそつてん》から現世に出現した弥勒菩薩《みろくぼさつ》のために一文勧進《いちもんかんじん》の小資を積んで造立したという印刻銘がみられ、草戸千軒に居住した民衆の寄進によって建立されたことが判明している。そうしたことからも、まずは港町としての繁栄を背景にして、そ

▼草津
草戸千軒の古地名として「草津」、「草出」、「草出津」→「草土」→「草戸」と変遷したことが明らかとなっている。

▼草戸千軒
草戸千軒のような「○○千軒」とは日本各地にみられ、その昔は千軒の建物が建ち並ぶほど栄えた土地という意味の呼称である。

の後に寺院が建立されたものと理解される。

草戸千軒の調査・研究

続いて、草戸千軒の発見と、その後の長い調査・研究のあゆみについて以下、時代を追って紹介しておこう。

草戸千軒は、当地域の近世地誌である『備陽六郡志《びようろくぐんし》』や、その後に編纂された『西備名区《せいびめいく》』と『福山志料《ふくやましりょう》』においても記載がみられる。『備陽六郡志』とは、福山藩士であった宮原直倁《みやはらなおゆき》（一七〇二～一七七六）によって著されもので、同書の草戸村の項には「遠い昔、本庄村《ほんじょうむら》、青木ヶ端《あおきがはな》の辺りより五本松《ごほんまつ》の前迄の中島に、草戸千軒という町があった。水野の家臣上田玄蕃《げんば》が江戸の町人に新涯《しんがい》★を築かせようとした際、同じく家臣の水野外記《げき》がこの川筋に新涯を築くと、本庄村の土手の妨げになってしまうと強く反対したが、それを押し切って新涯を築いて、江戸新涯と名付けた。その後、寛文十三年（一六七三）に洪水が起こり、青木ヶ端の向いの土手が決壊し、たちまち、水が押し入って千軒の町家が流失してしまった」と記されている。すでに十八世紀代には洪水で壊滅した町として、地域では伝承化されていたことがみてとれ、大変興味深い。

近代に入って、芦田川の改修工事が大正十五年（一九二六）から昭和九年（一九

▼新涯
新田・新開・新地などと同義で、干拓した地域の呼称。

三四）にかけて行われた際、多量の遺物が出土した。それに注目したのが、地元郷土史家の濱本清一《はまもとせいいち》（号・鶴賓《かくひん》）や広島高等工業学校教授の光藤珠夫《みつふじたまお》である。濱本は先の近世地誌にみられる記述を基にした史料研究を進め、光藤は川底から出土した陶磁器類に強い関心を示し、その紹介を行った。

戦後になると、さらに事態は進展する。昭和三十六年には、福山市文化財保護委員であった村上正名《むらかみまさな》の奔走により、小規模ながらも第一次発掘調査が行われ、翌年には第二次発掘調査が行われた。また、昭和四十年には、文化財保護委員会（現・文化庁）から調査費の補助を受け、広島大学教授の松崎寿和《まつざきひさかず》を調査団長に第三次発掘調査が実施された。その結果、中世の遺跡が極めて良好に遺存していることが判明し、大きな調査成果が得られた。

そのような中で、新たな局面を迎える。芦田川は昭和四十二年に一級河川となり、建設省（現・国土交通省）が打ち出した河川改修計画や災害復旧工事で、遺跡が包含する河川内の中州を除去することになったのである。そのため、昭和四十四年からは、国庫補助による継続的な調査が行われるようになった。さらに、昭和四十六年には、河口堰《かこうぜき》の建設計画がなされた。それにより遺跡は、水位の上昇で水没・崩壊の恐れが生じるだけでなく、今後の調査が不可能となるなど、事態はより深刻となった。そうした事態に対応するために、広島県（教育委員会）では、昭和四十八年に「草戸千軒町遺跡調査所」を現地に設置し、さらに昭和五十一年

草戸千軒町遺跡の遠景
（広島県立歴史博物館写真提供）

草戸千軒町遺跡の発掘調査風景
（広島県立歴史博物館写真提供）

に「広島県草戸千軒町遺跡調査研究所」と改称して、遺跡が包含する中州約六万三〇〇〇平方メートルを年間四〇〇〇平方メートルずつ調査し、十五年間で終了するという計画で、調査を進めていった。ほぼ計画通りの平成二年（一九九〇）に調査は無事に終了し、その後も平成六年まで補足調査、および緊急調査が行われた。

さて、草戸千軒の調査・研究は、一乗谷《いちじょうだに》朝倉氏《あさくらし》遺跡（福井県福井市城戸ノ内町所在）とともに、我が国における中世考古学の先駆けであり、その成果から中世民衆生活の実態解明が進み、日本中世史研究の進展に大きな役割を果たした。さらには、長年にわたる調査で得られた多種多様で膨大な出土資料の保管・展示のため、平成元年十一月三日に「ふくやま草戸千軒ミュージアム（広島県立歴史博物館）」が福山の地に開館し、現在に至っている。また、平成十六年（二〇〇四）六月八日には、中世の衣食住の全体に係わる当時の庶民生活を優先する上で貴重な資料として、「広島県草戸千軒町遺跡出土品」（二九三〇点）が国の重要文化財に指定された。

地域経済圏の確立

後述するように、近世期に入って城郭と城下町が築かれて以降、福山は備後地

ふくやま草戸千軒ミュージアム（広島県立歴史博物館）の外観
（広島県立歴史博物館写真提供）

重要文化財広島県草戸千軒町遺跡出土品
（広島県立歴史博物館蔵・写真提供）

域の中核都市として展開する。しかし、草戸千軒の事例で明示した如く、実は近世以前、当地域には港湾を介した地域経済圏がすでに確立しており、そうした歴史的下地を踏まえた上で、水野勝成によって新たな本拠地として選地されたものと考えることができるのである。換言すれば、福山の都市形成史は水野氏入封が大きな画期となったことは間違いないものの、決してそれに端を発したものではないということでもある。

なお、草戸千軒の消長に関しては、これまでの調査・研究の成果から、洪水が起こった寛文十三年（一六七三）以前の段階には、政治的・社会的な要因によって、すでに衰退していたものと、現在では明らかとなっている。また、そうした動向についても、勝成による新しい城下町の建設と、決して無関係ではないことは十分に考えられよう。

「草戸千軒展示室」の実物大復原
（広島県立歴史博物館写真提供）

②福島氏の芸備入国と領国支配

関ヶ原の戦いの後、西軍の総大将であった毛利輝元は、山陽・山陰八カ国から周防・長門二カ国へと大きく減封された。その毛利氏に代わって、安芸・備後両国の領主となったのが、福島正則である。新領主となった福島正則は、広島城を拠点として、領国経営に取り掛かった。

福島正則の入封

福島正則《ふくしままさのり》（一五六一〜一六二四）は、賤ヶ岳《しずがたけ》の戦いにおける「七本槍《しちほんやり》」の一部将で、豊臣秀吉《とよとみひでよし》子飼いの大名として広く知られている。秀吉の死後、豊臣家の行く末を案じながらも、石田三成《いしだみつなり》に対抗して、慶長五年（一六〇〇）に起こった天下分け目の「関ヶ原の戦い」においては、徳川家康《とくがわいえやす》方の東軍に従い、その勝利に大いなる貢献を果たした。

その結果、尾張国清洲《きよす》二十四万石から一挙に二十余万石の加増を受け、毛利氏の旧領である安芸・備後両国四十九万八千余石の太守《たいしゅ》★で転封させられることとなった。慶長六年三月、七〇〇〇人の家臣を従えて入封した正則は、毛利輝元《もうりてるもと》が精力を込めて築城したばかりの広島城を拠点として、新たな領国支配に着手した。

福島正則肖像画
（東京大学史料編纂所蔵模写）

▼太守
一国以上の領知を支配する国持ち大名の俗称。

特に、各国境には支城《しじょう》を置き、一族・重臣を配して、その防備を固めている。毛利氏と接する周防国境の小方《おがた》（大竹市）の地には、新たに亀居《かめい》城を築いて、福島正宣《まさのぶ》を配した。その他にも、出雲国境の三次《みよし》に尾関山《おぜきやま》城を築いて、尾関正勝《おぜきまさかつ》を配し、伯耆国境の東城《とうじょう》に五品嶽《ごほんがだけ》城を築いて、山路久之丞（長尾《ながお》一勝《かずかつ》）を配し、備後の要津である鞆《とも》に鞆城を築いて、大崎長行《おおさきながゆき》を配した。また、毛利氏時代から引き継いだ神辺《かんなべ》城には福島治重《はるしげ》（後の正澄）を配し、同じく三原《みはら》城には養嗣子《ようしし》の福島正之《まさゆき》を配した。

なお、福島時代に採られた支城制は、慶長二十年の一国一城令によって三原城を除き、すべて破城・廃城となった。

石高制と領国経営

入国早々の慶長六年（一六〇一）には、大崎長行と間島源次《ましまげんじ》の両人を検地総奉行に任命し、太閤検地《たいこうけんち》の原則に基づいて領内一円にわたる検地★を実施した。検地を経て、石高制を確立した福島氏は、家臣団への知行割り、地方《じかた》（農村）支配機構の制度をはじめ、城下町や交通（宿駅・海駅）の整備、産業の開発、また切支丹《キリシタン》の保護といった諸政策に取り掛かっていった。

三原城

▼検地
まずは村の境を明確化（村切）し、六尺五寸（約一・九七メートル）を一間とする竿で、村内の田・畑・屋敷を一筆ごとに検地を行って、石高を算出して、名請人（作人）を決定していった。そして、新たに村を単位として検地帳へ記載し、村が貢租納入の義務を負う村請制へとなった。

3

福島氏の改易

水害で破損した広島城の石垣等を無断で修築したことが武家諸法度違反に問われ、
元和五年（一六一九）六月に改易を申し渡される。それは福島正則にとって、青天の霹靂であった。
藩主不在という中で、その報を受けた領国では、当然ながら動揺が走った。

広島城の修築と改易

豊臣氏縁故の福島正則にとって、慶長十九年（一六一四）の大坂冬の陣と、慶長二十年の大坂夏の陣は、たいへん辛い出来事であった。参陣することも、国元へ帰ることも許されず、江戸に留め置かれたのである。

陣後の元和二年（一六一六）になって、漸《ようや》く正則は帰国を許された。在国中の元和三年の春に生じた長雨で、城下を流れる太田川が氾濫し、城下が浸水する大災害となり、城郭の石垣や塀・櫓などにも大きな損害を受けた。早速、正則は幕府へ対して、城郭の修築許可の申請を再三にわたり行ったが、ついに幕府側からは正式な回答がなされることはなかった。そのため仕方なく、正則は許可を得ないまま、急いで修築を進めることとなったのである。

広島城

一説によると、幕府で枢要な地位にあった本多正純《ほんだまさずみ》を通して、修築許可の申請を行ったが、正純はこれを将軍に報告せず、一方の正則には修復だから正式な許可は要らないであろうと曖昧に答えていたという。

その結果、許可を得ないまま無断で修築を行ったとして、その罪を問われた。元和五年四月、正則は弁明のために急ぎ江戸に参勤するとともに、問題の修築箇所を破壊して恭順の意を示したので、一時は一件落着するかに思えたが、事態はそう上手く収まらなかった。同年五月、将軍徳川秀忠《とくがわひでただ》は諸大名を率いて上洛し、嗣子の忠勝《ただかつ》を呼び寄せて、六月二日付で改易を申し渡した。程なくして、江戸に居る正則に対しても上使《じょうし》が遣わされ、芸備両国を召し上げ、替地として津軽《つがる》四万五千石を与えられることが伝えられた。

改易をめぐる顚末

改易の急報が国元へ伝えられると、主君が不在ということもあって、領内は大混乱となったことは想像するに難くない。後に編纂された近世地誌の一つである『備陽六郡志《びようろくぐんし》』には、「福嶋左衛門大夫正則就遠流城引渡覚書《ふくしまさえもんだゆうまさのりおんるにつきしろひきわたしおぼえがき》」として詳細が記されている。その内容の一部を紹介してみよう。

徳川秀忠肖像画
（東京大学史料編纂所蔵模写）

改易が決定した後、国元である広島へ城請取の上使として、永井直勝《ながいなおかつ》・安藤重信《あんどうしげのぶ》・戸川達安《とがわみちやす》らが遣わされた。すでに多数の家臣が城内に籠城しており、筆頭家老の福島丹波《たんば》（治重後に正澄）は上使に対し、主君である正則父子の安否が未確認な状態であり、かつ主君の命で城を預かっているので、主君自筆の墨付がなければ、城を明け渡すわけにはいかないと主張した。また、鞆城代の大崎玄蕃《げんば》（長行）にも書状を送って、連携の姿勢を取った。丹波の要求は幕府側へ受け入れられ、急ぎ江戸へ使者が派遣された。やがて正則の直書が無事に広島へ送り届けられ、城中でそれが無事に確認された上で、晴れて城の明け渡しとなった。なお、改易となった福島家中の数多の浪人達は、その後一人も残らず無事仕官したという。その背景には、主君正則の武勇に加えて、家老丹波が一連の明け渡しの際、才智をもって家中の諸士の姓名と武功を記録させたことによると伝えられている。しかし、丹波自身は、二君に仕えずとして、上京後に出家して一生を終えたという。

こうした見事な城の明け渡しと、福島父子が終始恭順の態度であったという事由によって、遠い津軽の地に替わり、越後国魚沼《うおぬま》郡二万五千石と信濃国川中島《かわなかじま》二万石の地を給わることとなった。その後、配所先の高井野《たかいの》（現・長野県上高井郡小布施《おぶせ》町）にて、元和六年（一六二〇）九月には忠勝が二十二歳の若さで、寛永元年（一六二四）七月には正則が六十四歳で、その生涯を閉じた。

第二章　「西国の鎮衛」福山藩の成立

西国の外様大名に対する抑えとして、元和五年（一六一九）に立藩。

福山城伏見櫓（国重文）

①水野勝成の入封

徳川家康の従兄弟にあたる水野勝成は、戦国時代のラストサムライと呼ばれる猛将であった。十五年にもおよぶ流浪生活という波乱万丈の末、三河国刈谷・大和国郡山の領主を経て、元和五年（一六一九）に、福山藩十万石の藩祖となった。

西国鎮衛の役割

福島氏の改易後、元和五年（一六一九）七月十五日に将軍徳川秀忠は、その旧領のうち安芸国一円と備後国八郡を紀伊国和歌山藩主であった浅野長晟《あさのながあきら》に与えて、転封を命じた。

時を同じくして、七月二十二日には、大和国郡山《こおりやま》藩主であった水野勝成《みずのかつなり》に四万石を加増して、備後国南部への転封が命ぜられた。命を受けた勝成は直ぐに準備に取り掛かり、八月四日には鞆《とも》の港に到着した。そこで、幕府上使《じょうし》の五味《ごみ》豊《とよ》直《なお》らから正式に十万十二石六斗七升一合の領知の引き渡しを受けた。

勝成の転封、すなわち福山藩の成立は、幕府にとって地政学的にも大きな意義があったといわれている。多くの外様大名で占められる西国にあって、広島と岡

水野勝成肖像画
（個人蔵　茨城県立歴史館写真提供）

山の両外様大名の間に楔を打ち込むかたちで、福山藩は位置している。そのため、福山藩は「西国の鎮衛《ちんえい》★」であるとして、人口に膾炙《かいしゃ》されている。文字通りに理解すれば、福山藩は幕府にとって、まさに西国における政治的・軍事的拠点として位置付けられていたといえる。

水野氏の系譜

そもそも、水野氏は清和源氏《せいわげんじ》★の満政流と伝えられ、家祖である重房《しげふさ》は尾張国智多郡英比《あぐい》郷小河《おがわ》（現・愛知県知多郡東浦町）に住し、小河氏と名乗っていた。しかしその後、子の重清《しげきよ》が同国春日井郡山田庄（現・愛知県名古屋市西区の一部）に拠点を移して以後、水野氏を称するようになったという。十五世紀中頃に入ると、水野貞守《さだもり》が三河国刈谷《かりや》（現・愛知県刈谷市）に進出して、新たな城を築き、そこへ移った。それ以降、水野氏は代々、刈谷を本拠地とした。

水野家は賢正《たかまさ》・清忠《きよただ》・忠政《ただまさ》と続き、戦国時代の末期、父忠政の跡を継いだ信元《のぶもと》は、これまでの今川方から織田方へ転属した。当初は忠次《ただつぐ》と称していたが、信長の偏諱《へんき》を与えられ信元とした。信元は織田方の部将として、三河への侵攻に協力するとともに、自らは知多半島に着々と勢力を伸ばしていった。また、戦国期の東海地域における一大エポックとなる永禄三年（一五六〇）の桶狭間《おけはざま》の戦いにお

▼西国の鎮衛
諸橋轍次の『大漢和辞典』によると、鎮衛とは「しづめまもる」ことで、「鎮守」と同義であるという。

▼清和源氏
第五十六代・清和天皇の皇子・諸王を祖とし、源の姓を与えられた賜姓皇族の一つ。

いても、信元は織田方として戦い、次いで永禄五年の清洲《きよす》同盟では、織田信長と徳川家康の仲介役となったとされる。これまで織田家と敵対していた家康との関係も、これを機に良好となった。

その後、元亀元年（一五七〇）の姉川《あねがわ》の戦い、天正二年（一五七四）の長島一向一揆、天正三年の長篠《ながしの》の戦いなどで活躍する中、信元に悲劇が起こる。同年、佐《さ》久《く》間《ま》信盛《のぶもり》の讒言《ざんげん》により信長の不興を買い、信長の命を受けた家康の配下・平岩親《ひらいわちか》吉《よし》によって、三河大樹寺《だいじゅうじ》（現・愛知県岡崎市鴨田町）において養子の信政《のぶまさ》とともに殺害されてしまう。信元の遺領は、そのまま佐久間信盛に引き継がれた。

ところが、天正八年には、信盛自身が信長から一九ヵ条にわたる折檻状《せっかんじょう》を突き付けられて追放されるという事態が起こる。折檻の一文では、水野遺領のマネージメントの在り方を厳しく追及して、信長は信元が冤罪であったことを認めるとともに、家康の庇護を受けていた末弟の忠重《ただしげ》を呼び寄せ、旧領を与えて水野家を再興させたのである。

父・忠重

忠重は、天文十年（一五四一）に忠政の九男として生まれ、兄の信元に従って数々の戦功を挙げたが、やがて兄と袂を分かって、家康の配下となり、駿河国の

大樹寺山門（三門）

水野忠重肖像画（賢忠寺蔵）

掛川城攻め、天王山《てんのうざん》の戦い、姉川の戦い、三方ヶ原《みかたがはら》の戦いなどで活躍した。先に述べたように、水野家再興後は、再び信長に仕えたが、本能寺の変の後には織田信雄《のぶかつ》、さらに小牧《こまき》・長久手《ながくて》の戦い後には豊臣秀吉に仕えることとなった。まさに、「人たらし」と呼ばれた秀吉には、石川数正《かずまさ》とともに武者奉行として仕え、小田原攻めの後には伊勢国神戸《かんべ》に四万石を与えられている。しかし、文禄三年(一五九四)には二万石旧領の刈谷に戻された。

秀吉の死後、家康と石田三成による対立が表面化する中、忠重は伏見城において家康に異心のないことを誓って、再びその麾下《きか》に入った。慶長五年(一六〇〇)の関ヶ原の戦いでは、東軍方に属したが、その直前に堀尾吉晴《ほりおよしはる》を三河国池鯉鮒《ちりゅう》(現・愛知県知立市)にて饗応中、石田三成《いしだみつなり》の同行の美濃国加賀野井《かがのい》城主・加賀井重望《かがのいしげもち》に暗殺されてしまう。酒席における些細な口論に端を発すると思われるが、一説によると、重望は石田三成から暗殺の密命を受けていたとされるが、真相は定かでない。なお、重望はその場で堀尾によって討ち取られている。

波乱万丈の人生

その忠重の跡を継いだのが、水野勝成《みずのかつなり》である。勝成ついては、その波乱に満ちた生涯という興味もあってか、勝成自身が記したとされる「水野勝成覚書★」を基

水野忠重の墓(賢忠寺)

▼「水野勝成覚書」
「水野勝成覚書」に関しては、その内容をすべて事実として認めることは躊躇され、中には記憶違いによる誤述や、場合によっては脚色や肉付けも行われた可能性も十分に考慮に入れておく必要がある。

にして、これまでに小説でも扱われるなど、多くの書籍が刊行されている。

勝成は、永禄七年（一五六四）に忠重の嫡子として刈谷に生まれた。幼名を国松、若名を藤十郎《とうじゅうろう》（流浪中は六左衛門）といった。忠重の姉である於大《おだい》の方は松平広《まつだいらひろ》忠《ただ》の室で、家康の母であった。つまり、家康と勝成とは従兄弟になる。繰り返しになるが、後年に勝成が遇され、備後国福山へ入封する背景には、こうした親族関係によるところが大きかったといえよう。

天正七年（一五七九）の家康による遠江《とおとうみ》国高天神《たかてんじん》城攻めには、父忠重とともに出陣し、初陣を飾った。その後も転戦し、武功を積んでいく。そうした中で、勝成の人生にとって大きなターニングポイントを迎える事件が起きるのである。

天正十二年の小牧・長久手の戦い（蟹江城合戦）の最中、父の寵臣（富永半兵衛）を殺害した勝成は、勘当・奉公構《ほうこうがまえ》★となり、そのまま出奔《しゅっぽん》し、諸国を放浪することとなる。その放浪生活は実に十五年にも及び、この間は勝成にとって、まさに人生の空白期ともいえる。言い換えれば、それは謎に満ちた時期でもあり、各所で伝説が生まれ、それらがまたドラマ性をもたすのである。

出奔した勝成の足取りを順に追ってみると、天正十三年、豊臣秀吉に仕え、摂《せっ》津《つ》国豊島《てしま》郡内で七百二十八石の知行を与えられる。がしかし、間もなくして離反し、その後は九州へ下って、佐々成政《さっさなりまさ》や小西行長《こにしゆきなが》、さらに加藤清正《かとうきよまさ》や黒田長政《くろだながまさ》といった名だたる武将に仕えた。天正十八年には、長政が参勤のため瀬戸内海を航

徳川家康肖像画
（東京大学史料編纂所蔵模写）

於大の方肖像画
（東京大学史料編纂所蔵模写）

▼**奉公構**
武家奉公構ともいう。武家が家中の武士（家臣）に対して科した刑罰の一つ。構は集団からの追放を意味し、旧主の赦しがない限り将来の仕官（雇用）をも禁止された。

行中、備後国鞆《とも》の浦で下船し、再び放浪生活に戻った。

それからの動向については、不明な点が多いものの、慶長二年（一五九七）、備中国成羽《なりわ》の三村親成《みむらちかしげ》（親重）の食客となり、ここで二人の妻★を得ている。一人は小坂利直《こさかとしなお》★（後の藤井道斎）の娘で、勝成の身の回りの世話をしていた於登久《おとく》（香源院）である。於登久との間には、長子勝種《かつたね》（後の福山藩水野家二代藩主・勝俊《かつとし》）が生まれている。もう一人は三村親成の娘の於珊《おさん》（良樹院）で、後に正室に迎えられた。後に勝成が備後国福山の藩主となった際には、三村・藤井の両氏の一族が家臣として多数召し抱えられている。

刈谷三万石・大和郡山六万石の領主に

慶長三年（一五九八）、天下人であった秀吉が亡くなると、勝成にも大きな転機がおとずれる。家康の仲介によって、決別していた父と再会し、めでたく和解を果たしたのである。ちなみに、この感動的なエピソードについては、あまりにも出来すぎた感があり、従兄弟同士である家康と勝成は、放浪中も互いに連絡を密に取り合っていたと考える方が、その後の展開をみても至極納得がいくであろう。

十五年ぶりに父と和解したのも束の間、慶長五年の関ヶ原の戦いの目前、家康に従って、勝成は会津《あいづ》の上杉景勝《うえすぎかげかつ》の討伐軍に加わった。その最中に、先述したよ

▼二人の妻
勝成の妻となった於登久と於珊の墓は、福山市西町に所在する定福寺の境内にあり、二基の五輪塔が仲良く並んでいる。

▼小坂利直
正霊山城（岡山県井原市芳井町）の元城主・藤井皓玄の四男。

定福寺の五輪塔
（右側：香源院、左側：良樹院）

うに、父・忠重が地鯉鮒で凶刃に討たれるという不幸に見舞われてしまう。訃報を受けた勝成は、直ぐに家康の許しを得て刈谷へ戻り、三十七歳で刈谷三万石の遺領を継ぐこととなった。その際、家康は放浪中に水野家を継承することになっていた弟の忠胤《ただたね》、および家中に対して、勝成の家督相続を認めるよう取り計らっている。

　水野家の新当主となった勝成は弟の忠胤とともに、天下分け目の関ヶ原の戦いに参戦し、本戦ではなかったものの、西軍の拠点であった大垣《おおがき》城を攻略し、東軍の勝利に大いに貢献した。そして、翌年の慶長六年には、「従五位下・日向守《ひゅうがのかみ》★」の武家官位が叙任《じょにん》された。

　慶長十九年の大坂冬の陣では家康本営を守り、慶長二十年の大坂夏の陣では大和口方面の総大将に任ぜられた。その際、勝成の性分を熟知している家康は、決して自ら出陣することなく、将としての務めを果たすようにと厳命しているが、勝成は家康からの命に反し、大将自らが各戦場で一番槍をあげる働きぶりであったため、家康から命令違反を咎められ、戦場における論功行賞については、過小評価であったといわれている。

　しかしながら、三万石加増されての大和国郡山《こおりやま》六万石に封じられた背景には、当然のように家康の深い意図と、勝成との強い信頼関係があってこその国替であったとみるべきであろう。幕府にとって、大和国郡山の地が重要であったことは、

刈谷城（亀城公園）

▼日向守
日向守の官職名といえば、かつて主君に謀反を起こした明智光秀が名乗っていたことから、一般的に武家の間では忌み嫌われ、名乗る者がなかったが、勝成はそれを全く気にすることはなかったという。以来、勝成の勇猛果敢な振る舞いから、「鬼日向」と渾名された。

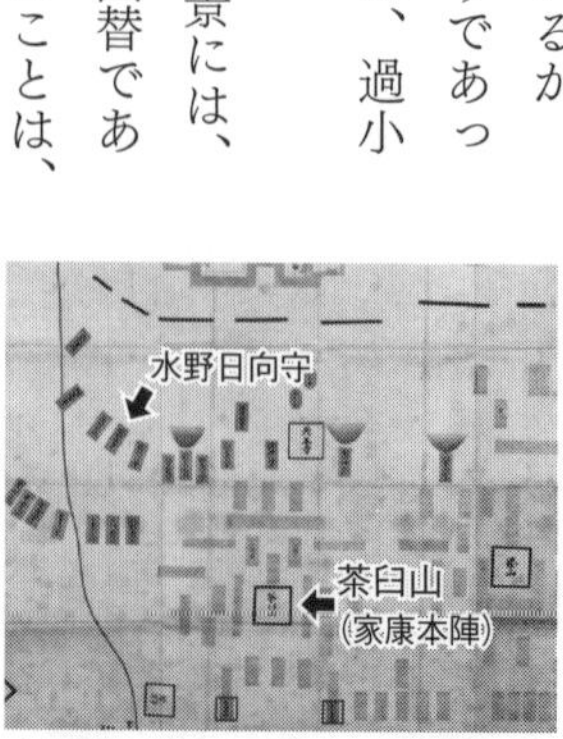

大坂冬の陣図（部分・一部加筆）
（守屋壽コレクション　広島県立歴史博物館蔵・写真提供）

勝成以後の歴代藩主を有力な譜代大名が務めたことからも十分に首肯できよう。

福山への転封

大和国郡山藩での治世は、わずか三年という短期間で、福島正則の改易に伴って、元和五年（一六一九）に備後国南部七郡（深津《ふかつ》郡・沼隈《ぬまくま》郡・安那《やすな》郡・品治《ほんじ》郡・芦田《あしだ》郡・甲奴《こうぬ》郡・神石《じんせき》郡）を中心に、同国御調《みつぎ》郡の一部、そして備中国小田《おだ》郡・後月《しつき》郡の一部の十万石を与えられ、福山へ転封することとなった。現在の行政区域でいえば、広島県福山市と府中市の全域、三次市と庄原市の南部、神石郡神石高原町の大半、尾道市の東部、そして岡山県笠岡市と井原市の西部に相当する。奇しくも、そこは勝成が放浪時代を過ごした際に縁のある地域であった。

なお、転封の際、瀬戸内海の要港として知られる尾道を含んだ所領が内示されていたが、何故か勝成はそれを断り、笠岡を含む備中国二郡を替りに所望したという。勝成による新たな領国経営については、後で詳しく述べることにするが、その手腕は実に目を見張るものが多々ある。

勝成は、寛永十五年（一六三八）に起こった島原・天草の乱では、幕府の強い要請から老骨に鞭を打って、子の勝俊《かつとし》と孫の勝貞《かつさだ》の三世代で参戦し、寛永十六年には家督を勝俊に譲り、正保元年（一六四四）剃髪して宗休《そうきゅう》と号した。その後も

大和郡山城

大和郡山城跡出土の軒丸瓦（沢瀉紋）
（筆者撮影、大和郡山市蔵）

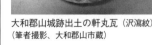

隠居料《いんきょりょう》二万石をもって、積極的に干拓事業や池溝整備、寺社の建立・再建を行うなど、多忙な日々を過ごした。慶安四年（一六五一）三月十五日、その波乱に満ちた八十八歳の生涯を閉じた。「徳勝院殿参康宗久（休）大居士」と諡《おくりな》し、福山市寺町《てらまち》に所在する賢忠寺《けんちゅうじ》に葬られた。現在、福山市若松町《わかまつちょう》に所在する水野勝《みずのかつ》成《なり》墓《ぼ》は、昭和十八年（一九四三）三月二十六日に県史跡に指定されている。また、福山城の北方に位置する福山八幡宮の境内には、水野勝成を御祭神とする「聰敏《そうびん》神社★」が鎮座している。

　余談ではあるが、これまで水野勝成のキャラクターは、〝戦国のラストサムライ〟や〝戦国最強フリーター〟といったフレーズが冠されるほど武闘派・行動派のイメージが強い。確かに、若い時分はかなりの腕白者であったかもしれないが、その一方で晩年は福山藩の礎を築いた立派な為政者（名君）としての姿も歴然としてある。

　私見では、そうしたギャップこそが、水野勝成という人物の魅力でもある。加えて、十五年に及ぶ謎多き放浪時代、徳川家康はもちろんのこと、豊臣秀吉・佐々成政・小西行長・加藤清正・黒田長政といった錚々たる歴史上の人物の登場など、十分すぎるドラマ性を持ったその波乱万丈な生涯を、いつの日かＮＨＫ大河ドラマで是非とも視聴してみたいものである。

水野勝成の墓（賢忠寺）

▼聰敏神社
二代藩主の勝俊が福山城内に建立した。その後、享保年間（一七一六～一七三六）に八幡宮境内に遷座された。社名の由来は、水野勝成を「聡明・俊敏」と讃えるもの。

聰敏神社

② 福山城の築城と城下町の建設

入封した水野勝成は、新拠点として芦田川の河口に位置する常興寺山に新たな城郭を築くとともに、三角州に城下町の建設に取り掛かった。それは「元和偃武」以後、慶長期から続く近世城郭の体系に含まれるものとしては、最も新しく大規模な事業であった。

新城地の選定

入封した勝成は、ひとまず福島時代の支城であった神辺《かんなべ》城に拠点を置いた。神辺の地は備後国分寺が造営され、古代山陽道のルート上に位置する古代以来の要衝で、中世以降も守護所《しゅごしょ》が置かれるなど、当地域における政治的拠点であった。しかし、神辺城は慶長二十年（一六一五）の所謂「一国一城令」により、すでに破城《はじょう》（城割《しろわり》）となっており、当然のように、周囲の城下町も廃れていたものと考えられる。したがって、入封した勝成にとって、真っ先に取り組まなければならなかったのが、領国経営の中心となる新しい城郭と城下町の建設であった。

そこで、新たな城郭と城下町の候補地を選定すべく、領内を隈なく巡検した。その結果、候補地としては神辺城の他に、①品治郡桜山《さくらやま》、②沼隈郡箕島《みのしま》、③深

神辺城跡

神辺城跡の石垣

津郡野上村《のがみ》常興寺《じょうこうじ》山★の三候補が挙げられたが、芦田川の河口に近く、北方に神辺平野を控え、南方に瀬戸内海に臨んだ、まさに水陸交通の要衝である③の常興寺山が新城地となった。また、当地は外港である鞆の浦へのアクセスにも適した地であり、瀬戸内海交通を重視した選定といえよう。

築城には勝成自らも陣頭指揮にあたったとされ、家老の中山将監《なかやましょうげん》重盛を惣奉《そうぶ》行《ぎょう》に、小場兵左衛門《こばへいざえもん》利之らを土工奉行に任じて、普請・作事が着手された。

築城工事と城郭構造

築城にあたっては、まず新城地である常興寺山と、城背にあたる松廼尾《まつのお》山（永《えい》徳寺山《とくじやま》）の間を切り抜いて、吉津川《よしづがわ》を通すことから始まった。芦田川《あしだがわ》を本庄《ほんじょう》の艮《うしとら》端《ばな》から分流させ、城郭搦手《からめて》に貫流させることで、天然の要害とするだけでなく、常興寺山の南面に広がる干潟を芦田川の氾濫から守り、そこに城下町を形成することを目論んだものと考えられる。

芦田川の河口部における築城は、難工事であったらしく、元和六年（一六二〇）五月に起こった大洪水により、工事は一時頓挫した。しかも、吉津川を芦田川の本流とするという当初の計画は変更され、改めて本流沿いの本庄《ほんじょう》・野上《のがみ》村の護岸（野上堤防）を堅固にすることで、工事が進められた。ちなみに、芦田川の水

▼常興寺山
常興寺山上には中世備後の有力国人で銀山城（福山市山手町所在）に拠った杉原氏所縁の常興寺という寺院が立地していたが、杉原氏滅亡後、廃寺となっていたのを勝成は本尊を城下に移して胎蔵寺とし、さらに同地に祀られていた二社（野上・惣堂）も城下に移している。

水野勝成像（福山城内）

害については、当該期だけでなく、近代以降も大いに悩まされ、まだ記憶に新しい近年（二〇一八年七月）の豪雨災害にみるように、その対策は今もなお当地域の大きな課題となっている。

また、築城に関して注目すべきことは、公儀から「御助力」として金一万二六〇〇両・銀三八〇貫目が特別に拝借され、さらには伏見《ふしみ》★城の御殿・各櫓・御風呂屋・各御門・練塀《ねりべい》などが下賜されたことである。家康によって再建された伏見城の遺構を秀忠は、惜しげもなく勝成に与えた。それらは解体され、瀬戸内海を利用して福山へと運ばれた。そのため、福山城は桃山文化を受け継いだ絢爛豪華な威容を有するとともに、幕府の後ろ盾もあって、その築城は速やかに進行していった。実際、伏見櫓では昭和の解体修理の際、二階梁《はり》に「松ノ丸ノ東やぐら」の陰刻《いんこく》が発見され、伏見城からの移築が裏付けられてその価値を高めている。

福山城は、太平の世となった元和偃武《げんなえんぶ》以後に築城された近世城郭であり、地下一階を有する五層六階に、二層三階の付櫓《つけやぐら》（小天守《こてんしゅ》）を伴う複合式の天守閣で、その他にも七基の三重櫓や長大な多聞《たもん》櫓など、二〇を超える櫓を有する巨城で、十万石規模の大名としては破格の城郭規模であったといわれている。

しかし、残念なことに、昭和二十年（一九四五）八月八日の福山空襲において、旧国宝であった天守や御湯殿《おゆどの》をはじめ多くの建物が灰燼に帰した。奇跡的に戦災を免れたのは、伏見城遺構である伏見櫓と筋鉄御門《すじがねごもん》で、それぞれ戦前の「国宝保

▼伏見城
京都市伏見区桃山に所在した城。文禄元年（一五九二）に豊臣秀吉が隠居後の拠点として築城した。秀吉の死後は、徳川家康が入城した。関ヶ原の戦いの際には、西軍に攻められて落城した。その後、家康によって再建されるが、元和九年（一六二三）に廃城となった。

伏見櫓梁の「松ノ丸ノ東やぐら」の陰刻
（福山市文化振興課写真提供）

存法」の下で昭和八年一月二十三日に旧国宝★に指定されている。また、昭和四十一年には、福山市制五十周年事業として、天守（福山城博物館）・御湯殿・月見櫓が再建され、現在に至っている。

さて、入封四年後の元和八年には、領国の政治・経済の中心地となる城郭、および城下町の完成を迎えた。翌年正月には城開きが行われ、竣工した城を「敵《てき》追山《おいざん》（鉄覆山《てっぷくざん》）朱雀院久松城《すざくいんひさまつじょう》」と号した。鉄覆山とは、天守の北側一面を防備のため、鉄板で覆っていたことに由来するといわれている。後世には雅名として、「葦陽城《いようじょう》」とも呼ばれた。また、完成した城下は「福山《ふくやま》」と命名された。その由来は定かでないが、①水呑《みのみ》村の宝山に対して、②筋鉄御門の西内堀に松竹が叢生した小丘があった、③城山を蝙蝠《こうもり》山といい、蝠が福に通じるからだ。……といった諸説がみられる。

城郭の構造に目を転じてみると、城郭の本丸は常興寺山の最上部を削平した部分で、その北隅の岩盤上に天守がそびえ、その南面に藩主の居館である伏見御殿が設けられていた。本丸を取り巻く一段低い部分が二之丸で、高い石垣と三方を堀で囲繞《いにょう》している。その外側の三之丸には、勝成隠居屋敷（後に筆頭家老屋敷）、家老屋敷、御屋形、御用屋敷、馬場や米蔵などが設けられていた。外堀で囲まれた城郭の総廻りは、実に四五〇間（約八一八メートル）もあったといわれている。元和偃武後の新城ということからか、堀は全周せず、南面する城郭の東・南・西

▼旧国宝
昭和四年（一九二九）に制定された「国宝保存法」の下で国宝に指定されたもの。昭和二十五年（一九五〇）に施行された「文化財保護法」によって廃止された。なお、福山城の伏見櫓と筋鉄御門は、国の重要文化財に再指定され、現在に至っている。

筋鉄御門

伏見櫓と御湯殿

側に二重の堀を巡らせるのみである。そのため、北側の城背に位置する小丸《こまる》山と天神山の独立小丘を天然の防塁、北側を流れる吉津川を天然の堀として搦手の防備とした。さらに、城背の松廼尾山（永徳寺山）も北方の守りの要となっていたことはいうまでもあるまい。

城下町の構造と整備

築城と並行して進められた城下町の建設も、その立地環境から難工事であった。先述したように、まずは常興寺山と松廼尾山（永徳寺山）の間を掘削して吉津川を通した上、芦田川本流沿いの本庄・野上村の護岸（野上堤防）を堅固にし、その二つの流れの間に形成されたデルタ（三角州）に町割《まちわり》が行われた。

城下町の構成をみてみると、城郭の西と南にかけて広く侍屋敷をとって、東の一部に町人町を定め、その外側は下級士卒の屋敷とした。侍屋敷は町人町の三倍余の広さを占め、本丸を三方から包み込むように配されている。また、東側の一部に寺町として寺院を集めるとともに、軍事的配慮に基づいて城下の外郭四囲の要所にも寺院を配置している。特に、城背の松廼尾山（永徳寺山）には、寺社が整然と配されていることがみてとれる。なお、城下に所在する寺院の多くは元々他所にあったが、城下町建設にあたって招聘されたものである。

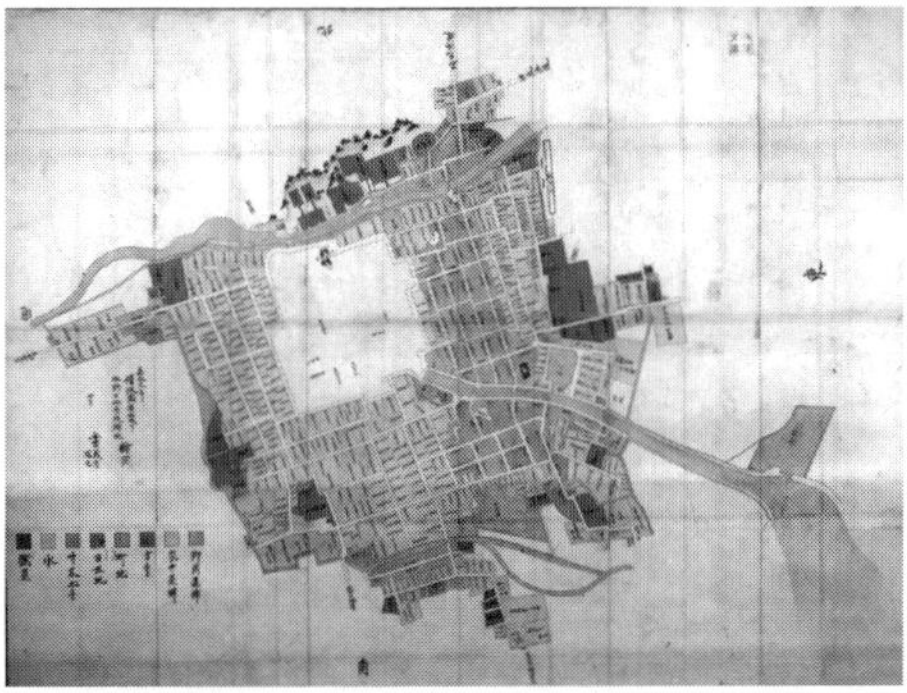
備後福山城水野日向守殿時代城下絵図（福山城博物館蔵）

焼失前の天守北東側
（福山市文化振興課写真提供）

城下町の構造において、特筆すべきは城下の外堀から瀬戸の海に通じる入り川（俗称：浜川）が設けられ、満潮時には船が城下町へ出入りすることが可能となっていたことである。外堀との接続点には「築切《つっきり》」★と呼ばれる構造物があった。入り川には藩の御舟入《おふないり》を設け、その周囲には船奉行・船頭・水主《かこ》の屋敷を配した。また、城下への物資の供給、領内産物の集積や販売のために、入り川の両岸を中心に町人町が配置されていることも興味深い。城下への主要な物流ルートであった入り川は、藩の直轄で、維持・管理がなされた。しかし、幕末期には財政難から「入川講」（藩営頼母子講《たのもしこう》）★により、川浚《かわさら》えの費用が捻出されている。

入り川の上手には、南北の町人町を結んだ本橋（元橋）（俗称：天下橋、莚橋）が架けられ、後には下手に新橋（俗称：木綿橋）が架けられた。本橋と新橋の間の北側には「川口番所（中番所）」を設置して、海から城下への出入りを監視させた。一方、西国街道から城下へ入る北の吉津町《よしづまち》と胡町《えびすまち》の境には「惣門番所」を設置して、人や物資の出入りを監視させた。また、城下内の町人屋敷と侍屋敷との境に「木戸」を設けて、その行き来を統制するとともに、各町の要所には「火番所」を設けて、町方の責任で火災防止にあたらせた。

勝成は城下町を建設するにあたって、地子★・諸役免除の特権を与えて、来住を奨励するとともに、「銘々自分ノ働ヲ以テ沼・葭原ヲ埋メ、町並家作仕」ると伝えられているように、実際に近隣の者はもとより、国の内外から多くの来住者が

▼築切
古地図や古写真で確認すると、長さ約四五メートル、幅約一〇メートル、高さ約二メートルと推定される石垣状の構造物で、その機能は外堀内の水位を一定に保つためのものとみられ、元和八年（一六二二）の築城から二十数年後までの間に構築されたものと考えられている。築切が構築される以前は、外堀にまで漁船が自由に進入でき、そこで魚を荷上げて商売が行われていたという。

▼頼母子講
金銭の融通を目的とした相互扶助組織。

▼地子
屋敷地に賦課される地代。一般的に地子は銭貨（地子銭）で納入された。

あり、瞬く間に町人町が形成されていった。当初、町数は一二町であったとされるが、やがては三〇町★にまで増えた。詳細な町の変遷は明らかでないが、例えば、神島《かしま》町上・中・下、深津町、上・下府中町、笠岡町は、神島村、深津村、備後府中、備中笠岡からの商人の移住に因る町名である。なお、勝成は神島村の商人を招致するにあたり、城下の大手門前に町を造らせ、畳表の売買権を与えている。

また、鍛冶屋町、桶屋町、大工町、上・下魚屋《うおや》町、上・中・下米屋町、藺《い》町、船町、医者町といったような職種に因む町名も認められる。その他、奈良屋町は勝成が福山転封以前に治めていた大和国郡山より移住した奈良屋（才次郎）の開発によるものである。そうした中で、第一章で取り上げた草戸千軒遺跡の住人たちも、城下へ移住していった可能性は十分に想定できるであろう。

町人町の戸数については、貞享三年（一六八六）には二八九三戸であったが、元禄十一年（一六九八）には三四四四戸となり、人口も家中上下合わせて一万一七九七人、その他一万二九八九人の合計約二万五〇〇〇人にまで達している。

こうして、芦田川下流の荒蕪地からスタートした福山の城下町は、インフラ整備を行うなど、時を重ねながら都市として成熟していき、現在に至っているのである。

胡町の惣門番所跡（復原）

▼（城下）三〇町
神島町上市・中市・下市、船町、今町、笠岡町、大黒町、胡町、本町、上・下府中町、鍛冶屋町、上・下魚屋町、深津町、桶屋町、上・中・下米屋町、新町、福徳町、藺町、中町、奈良屋町、医者町、大工町、吉津町、古吉津町、長者町、道三町。

上水道の敷設

芦田川下流のデルタ地帯に位置する城下町では、芦田川の伏流水が流れる水筋以外は、井戸を掘っても塩気・鉄気があり、生活する上で飲み水の確保は大きな課題で、勝成は城下町の建設とともに、上水道★の工事も進行させた。

芦田川を水源とする上水道工事は、土木普請の名奉行と謳われた神谷治部《かんやじぶ》長次（久左衛門）よって進められた。本庄村の艮端《うしとらばな》を護岸で固めて、その上流の高屋《たかや》川《がわ》との合流地点である高崎《こうざき》に取水口を設けて、ここから芦田川の水を引き入れた。芦田川と並行して分流させ、本庄村の二股《ふたまた》の所で上井手《うわいで》と下井手《しもいで》とに分け、上井手は農業用水とし、そのまま丘陵際に沿って東進させ、本庄《ほんじょう》・木之庄《きのしょう》・吉津《よしづ》・深津《ふかつ》・奈良津《ならづ》・三吉《みよし》・手城《てしろ》・市《いち》・引野《ひきの》・吉田《よしだ》といった各村を流れていった。一方の下井手は、城背の蓮池《はすいけ》（俗称：どんどん池）へと導いた。蓮池では、貯水池として塵埃《じんあい》を沈殿させた後、四ヵ所の取水口から、城下町の中へと導水されていった。また、蓮池からそのまま天神山裏の堀抜水路を流すとともに、一部はさらに下井手から流れた水は南進し、本庄・野上《のがみ》・野上新涯《しんがい》（後には多治米《たじめ》・川口）といった各村の灌漑用水となった。

上水の幹線は、土管や木・竹管などで配水され、侍屋敷・町屋敷とともに道路

▼上水道
天文十四年（一五四五）に開設された小田原早川用水を嚆矢として、天正十八年（一五九〇）の神田上水、文禄三年（一五九四）の甲府用水、近江八幡水道、慶長七年（一六〇二）慶長十年の富山水道、慶長十二年の福井芝原水道や、慶長十四年の駿府用水、慶長十九年の米沢御入水、天和元年（一六一五）仙台四ツ谷用水、元和二年の赤穂御用水、元和三年の鳥取水道、元和六年の中津水道やなど各地で次々と敷設されていったが、全国的にみても、元和八年竣工の福山上水は、早くに開設された上水道の一つといえよう。

の真ん中に溝川を掘って溝を通し、要所に「貫洞《かんどう》」と呼ばれる溜桝を設けて、自由に水が使用できるようになっていた。ところが、後に往来や商売の妨げになるという事由により、町方より願い出て、間口分を各戸の負担で蓋石を完備し、暗《あん》渠《きょ》水路とした。さらに、各屋敷へも自力で樋を通して水を引き利用した。

上水道の敷設は、単に飲料水としてだけでなく、都市部においては防火用水としても大いに利し、城下町の発展にもなくてはならないインフラストラクチャーであった。それはまた、後述する干拓事業を推進する上で、灌漑用水としても大いに寄与した。

上水道にまつわるエピソードとして、『宗休様御出語《そうきゅうさまごしゅつご》』の中には「ある時、勝成公が城下の侍町を通った際、駕籠の者が水道の上を通った。すると勝成公は「この下には家中の侍が飲む水道がある。何故その上を通るのか、不届なことである。脇を通れ。」と言い、手ずから水を飲み、その後、水道の脇をお通りになった。これを伝え聞き、我々でさえ、何も思わず水道の上を通っているというのに、何とも有難いことであることかと、何れも感涙した」という記述がみられる。

さて、福山は大正五年（一九一六）七月一日に市制を施行し、それを機に近代都市として発展するために、大正十四年十一月に待望の上水道を敷設した。近代の上水道が開設されても、江戸時代に敷設された上水道は、主に打ち水や洗濯水として、昭和二十年（一九四五）まで、長く使用されたという。

蓮池

妙政寺前の取水扉門

③

水野氏の領国経営―新涯造成と殖産興業

元和五年（一六一九）から元禄十一年（一六九八）までの水野氏五代にわたる約八十年間の藩政は、新涯開発や殖産興業をはじめ積極的な領国経営が行われた。そうしたことから、水野時代を福山藩前期（開発・展開期）と評価することができよう。

水野氏五代

福山藩における水野氏の歴代藩主は、次頁の下表の通りである。

水野氏による治政は、約八十年という短い期間であったが、城下町はもちろんのこと、周辺部における開発、交通・運輸の整備、さらに商業・産業の振興などが積極的に行われ、藩の基盤を築いていった。実際、後の松平氏や阿部氏になってからも、水野期における方針や政策の多くが踏襲されている。こうした藩の礎を構築した水野氏による約八十年にわたる藩政期を、本書では福山藩の前期（開発・展開期）と位置付けておきたい。では、当該期における領国経営について、特に水野時代に力が注がれた新涯造成と殖産興業の面からみていこう。

草深の唐樋門
（福山市文化振興課写真提供）

新涯の造成

入封早々、水野勝成は城下町の建設に際して、芦田川本流とその支流域の治水工事を進めるとともに、城下周辺部における干拓による新涯地を造成していった。まずは城の北西に位置する本庄村艮端《うしとらばな》から、池の淵・野上《のがみ》・五本松へと至る一一〇〇間（約二キロメートル）の野上堤防を完成させて、野上新涯を造成した。事業は藩主導で行われ、先述したように、寛永十六年（一六三九）の勝成の致仕《ちし》後も、その隠居料二万石のほとんどを事業費に充てて、積極的に進められていった。また、事業は勝俊に引き継がれ、城下東部の干拓に着手していく。寛永十八年に木之端《このはた》新涯・三吉《みよし》村八〇町余が正式に成立した。翌十九年には吉田村や引野《ひきの》新涯が造成され、正保年間（一六四四〜一六四八）になると、木之端・王子端《おうじばな》から引野村の梶島山《かじしまやま》へ向かって千間土手《せんげんどて》（堤）を築き、深津・市《いち》・引野の各新涯、および深津沼田一〇七町歩・市村沼田九四町歩、引野沼田一一八町歩といった大規模な新涯地が続々と造成されていった。さらに開発は沿岸部だけでなく、内陸部においても開拓が進められていった。

福山藩主水野氏と治世期間

	藩主名	治世期間
1	水野勝成（1564〜1651）	元和５年（1619）から寛永16年（1639）までの20年３カ月間
2	水野勝俊（1598〜1655）	寛永16年（1639）から承応４年（1655）までの15年９カ月間
3	水野勝貞（1625〜1662）	承応４年（1655）から寛文２年（1662）までの７年６カ月間
4	水野勝種（1661〜1697）	寛文３年（1663）から元禄10年（1697）までの34年６カ月間
5	水野勝岑（1697〜1698）	元禄10年（1697）から元禄11年（1698）までの６カ月間

池溝の整備

新涯地の築造に伴って、クローズアップされるのが用水問題である。瀬戸内海式気候に属するに当地域は、年間を通じて降水量が少ない。そのため、新開地への用水確保としての池溝の整備は、藩にとって最重要課題であった。河川流域の平地部では、井手（井堰）を築いて水を引き込むことができたが、それ以外は溜池を築いて利用するしかなかった。

この時期の有能なテクノクラートとしては、神谷治部《かんやじぶ》長次（久左衛門）が知られている。神谷治部は、福山城築城の際には普請奉行を務め、勝成・勝俊の時代に行われた開発のほとんどすべてに携わったとされている。その中でも、三大池（瀬戸《せと》池・春日《かすが》池・服部《はっとり》大池）の築造が注目されよう。

三大池は、新開地の最盛期であった寛永・正保期にかけて築造された。瀬戸池は、沼隈《ぬまくま》郡地頭分《じとうぶ》村と長和《ながわ》村の間に位置し、長和川を堰き止めて築堤した周囲約八六四メートルの大池である。寛永十二年（一六三五）頃に着工し、寛永十四年頃に完成したとされ、その水は水呑《みのみ》村にまで達したとされる。春日池は、深津《ふかつ》郡能島《のうじま》村に築かれた周囲約三〇五四メートルの大池で、寛永十九年に着工され、翌年に完成した。主として、その水は城下周辺の新開の灌漑に利用された。服部大

服部大池

池は、安那《やすな》郡と品治《ほんじ》郡にまたがる周囲約二七六三メートルの大池である。寛永二十年十月に着工し、正保二年（一六四五）十月に完成した。水懸り面積は三五〇町余、安那郡の七ヵ村・品治郡一〇ヵ村・深津郡内の三ヵ村の計二〇ヵ村にもおよんだ。築造にあたっては領内一円から夫役を徴発して、工期中には重臣らが月に何度も城下から現場へと出向き、督励したとされる。また、築造は難工事であったためか、お糸という娘が人柱になったという悲しい人柱伝説が今もなお語り継がれ、服部大池公園内には「人柱　お糸之像」が設置されている。

福山藩内には二〇〇〇近くの溜池が認められるが、こうした一村ないし複数の村を賄うような大池の築造は、水野時代に行われたものである。

塩田開発

次に、福山藩領の西部に位置する松永《まつなが》地方の新開に目を転じてみてみよう。松永湾の新開事業の中心となったのは、本庄《ほんじょう》杢左衛門重政《しげまさ》である。

父の重紹《しげつぐ》は刈谷以来の水野家の家臣で、藩の普請奉行を務めていた。その跡を継いだ重政は、若くして家督を弟に譲って、自らは砲術本庄流を立てて、その修行のため諸国を遊歴した。島原の乱で戦功を挙げた後、いくつかの大名家に仕官したが、その中の一つである岡山藩に仕えた際、その待遇に満足せず、藩に無断

人柱　お糸之像

で出奔してしまう。浪人となった重政は、赤穂藩家老の大石良重宅《よししげ》へ身を寄せたが、岡山藩より諸藩へ奉公構《ほうこうがまえ》が出されていたため、新たに仕官することは叶わなかった。こうした状況の中、重政の妻の兄で福山藩の家老を務めていた上田玄《げん》蕃《ば》直重の仲介で、承応三年（一六五四）に帰参して水野勝俊に仕えることとなった。登用するにあたり、藩では奉公構を憚って重政の嫡子である重尚の名で、家禄五百石を給した。重政は憐情《れんじょう》と名乗り、松永湾の西岸に位置する高須《たかす》（尾道市）に移り住んだ。

後年、重政が松永の地に建立した承天寺《じょうてんじ》の梵鐘の銘文によれば、その間にも重政は松永湾域における遠浅の干潟を眼前にする中で、かつて滞在した赤穂の塩田風景を重ね合わせていたという。そうした思いは日に日に募り、ついに藩へ同地の干拓と塩田開発を建白した。藩からの認可と資金の援助を受けた重政は、早速その事業に取り掛かることとなった。まず、明暦二年（一六五六）には柳津《やないづ》新涯十八町歩を完成させ、次いで翌年には深津郡内における各新涯地を完成させた。さらに、万治三年（一六六〇）には高須新涯五五町歩を完成させ、同年に着工した松永新涯七八町歩も寛文二年（一六六二）には完成の目途をみた。

さらに、重政は居を松永の地に構え、寛文七年には塩田四八浜の塩田を完成させた。東西一五丁・南北一〇丁からなる当地は、入川で区切られた七島と四八浜からなり、「松永村」と新たに名付けられた。その後も沼隈郡新涯奉行を務める

本庄重政像（承天寺蔵）

本庄重政の墓

など、当地域のさらなる新涯の造成と製塩業の振興に尽力した。重政は延宝四年（一六七六）に七十歳で没し、本庄家の菩提寺である承天寺に葬られた。境内の一角に営まれた本庄重政の墓は、昭和十八年（一九四三）三月二十六日に県史跡に指定されている。

重政によって開かれた松永塩田は、藩財政を支える基幹産業の一つとなり、それは近代においても引き継がれた。しかし、約三百年間にわたる松永塩田は、国策によって昭和三十五年に廃業となり、残念ながらその歴史に幕を閉じた。

木綿の栽培

ところで、干拓によって開発された新涯地について、藩は領内各地から広く入植者を募り、百姓の次男以下を庄屋が保証人となって入植させた。土地は無償で与えるとともに、三年間は鍬下年季《くわしたねんき》★とするなどして促した。当然ながら、その土壌には塩分が含まれているため、当初は稲作地としては適していなかったが、換金作物であった木綿栽培には適していたので、新涯地では綿作が盛んに行われるようになった。こうして、木綿もまた藩の特産品となっていくのである。享保期（一七一六～一七三六）に編まれたと思われる『福山語伝記』によると、寛永期（一六二四～一六四四）から元禄期（一六八八～一七〇四）にかけて、年間約四万俵が主

往時の備後松永塩田

▼鍬下年季
開墾中の土地を一定期間、租税を免除・軽減すること。

に九州方面へ移出されていたという。綿は実綿《じつめん》★のまま取引される一方、町家や農家の家内工業で繰綿《くりわた》に加工された。繰綿はさらに木綿織として、綿実は燈油として、それぞれ商品化された。綿は各段階で運上銀が課せられ、藩の財政を潤していったのである。

城下の入川に架る新橋は、別名を木綿橋《もめんばし》という。その由来について、『福山語伝記』には、「城下で行われた木綿の丈尺改の順番を待つ多くの人がこの橋に集まり、ここで木綿の市立が行われた」と記され、当該期の隆盛ぶりをうかがい知ることができる。

また、綿作と木綿織は阿部時代においても盛行で、干鰯《ほしか》などの購入肥料（金肥）の投入により、その生産量も飛躍的に増大した。天保四年（一八三三）に農学者・大蔵永常《おおくらながつね》が著した『綿圃要務《めんぽようむ》』にも、当地域の先進的な綿作経営と技術が取り上げられ、広く紹介されている。

藺草と畳表

さて、備後地域を代表する特産品といえば、最高級品として「備後表《びんごおもて》」の名称で呼ばれる畳表《たたみおもて》が挙げられよう。

広島県尾道市御調《みつぎ》町に所在する本郷平廃寺《ほんごうびらはいじ》の発掘調査では、塼《せん》と呼ばれるレン

▼実綿
ワタの種子についたままの綿毛。摘み取ったままの、種子のついた綿花。

往時の木綿橋

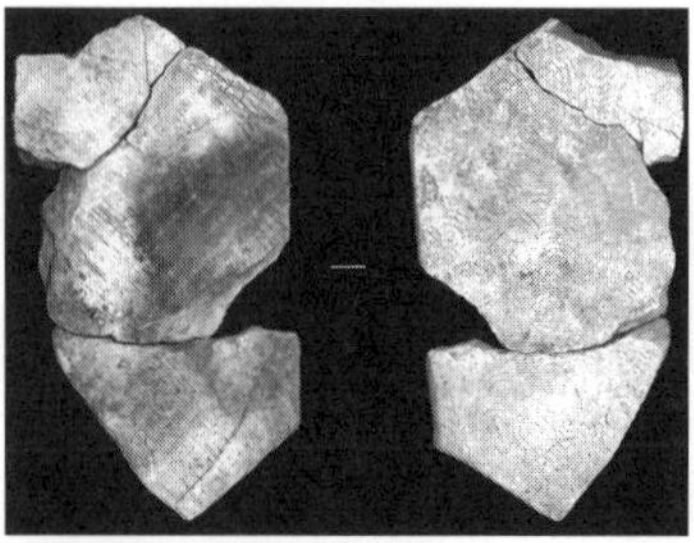
本郷平廃寺出土の塼
（尾道市教育委員会蔵）

ガの破片が数点出土している。興味深いことに、塼の片面には同心円文★の工具痕がみられ、もう一方の面には畳表状の圧痕が明瞭に確認できる。おそらく、畳表状の敷物の上で製作されたのであろう。本郷平廃寺は白鳳時代に創建され、奈良時代末から平安時代の初め頃まで存続したと考えられていることからすれば、当地域における畳表の歴史は古く、当該期にまで遡る可能性が高い。また、長禄四年（一四六〇）の『大乗院寺社雑事記《だいじょういんじしゃぞうじき》』に「備後莚《むしろ》」という名称がみられることから、その頃には畳表や莚の材料となる藺草が特産品として広く知られていたことがみてとれる。

当地域における藺草《いぐさ》の栽培や畳表の起源は不詳であるが、沼隈郡山南《さんな》地方では、すでに天文・弘治年間（一五三二〜一五五八）には藺草を栽培し、引通表《ひきどおしおもて》が織られていたと伝えられている。一般的に畳表は、麻糸を経に藺草を横糸として織られるもので、引通表とは一本の藺草を両端まで通したものである。慶長五年（一六〇〇）頃になると、山南村の長谷川新右衛門道久（菅野十良左衛門）によって中《なか》指表《ざしおもて》★（中継表）と呼ばれる画期的な製織《せいしょく》法が考案された。それが福島正則の重臣であった間島《ましま》美作《みまさか》（源次）の知るところとなり、新右衛門の功労を称え、五人扶持を給して郷士身分を与えるとともに、中指表の織法の指導にあたらせ、その生産の増大を図ったとされる。それまで藺草は備後南部の諸郡で広く栽培されていたが、やがて沼隈郡が主産地となり、山南村を中心に郡内二十余ヵ村で藺草の

▼**同心円文**
一つの中心をもとにして、複数の円を組み合せた模様。

移設された長谷川新右衛門の墓（南泉坊）（園尾 裕写真提供）

▼**中指表（中継表）**
これは、従来の引通表では不用としていた短い藺草を用いて、二本の藺草を中央部で継ぎ合わせるというもので、無駄をなくして環境にも配慮されるだけなく、茎の中程を使用することから丈夫で品質の良い畳表が生産できるという、まさに一石二鳥の代物ものであった。

栽培と畳表の生産が展開していった。

慶長七年、幕府へ上品三一〇〇枚を福島氏が献上して以降は、献上表《けんじょうおもて》と呼ばれて毎年の慣例となった。そのため、先の長谷川新右衛門に加え、友野《ともの》治良左衛《じろうざえ》門《もん》・土居《どい》九兵衛《きゅうべえ》・桑田《くわだ》九良右衛門《くろうえもん》の四人を献上表改役に任じて、献上表の厳しい品質管理にあたらせ、四家は幕末期まで改役を務めた。

福島氏は藺作と畳表織に関して、積極的に保護・統制を行うなど、備後表を藩の主要産業の一つとして位置付け、その基礎を確立していった。畳表を巡る政策の多くは、福島氏の改易後も引き継がれ、藺草の栽培と畳表の生産は、その後も福山藩政下で著しく発展を遂げることとなるのである。

水野氏の藺草政策

水野時代の藺草に関する政策として、「藤草銀《ふじくさぎん》」が挙げられる。これは藺草を栽培する上で、その肥料に藤草と呼ばれる山草が使用されていた関係から、藤草銀（肥料代）という名目で生産資金を貸し付けるもので、三月中に貸し付け、十二月に無利子で返納させる制度であった。本制度は阿部時代にも踏襲されるが、幕末期には利子が付くようになった。水野勝成は入封後、早くも元和八年（一六二二）には「九ヵ条定法」を定めて、藺草の栽培、および畳表差生産の保護と統制

殖藺図巻「藺植え場面」（個人蔵　広島県立歴史博物館寄託・写真提供）

を行っている。先述の藤草銀のように、その生産を保護する一方で、藺草・色土《いろつち》（染土）の他領持ち出し禁止、職人の縁組による他領移動の禁止など厳しく規制された。

さらに、畳表には献上表の他にも、御用表《ごようおもて》と呼ばれるものがあった。それは元和五年の水野氏入封に際し、千四百八十八石の禄高が不足していたので、これまで献上表として幕府へ進呈していたものを幕府が買い上げて、その分を補充するといった意味合いのものである。幕府は正保四年（一六四七）新たに「備後表座」を設け、江戸の町人であった北村彦右衛門《きたむらひこえもん》を畳表取扱人に任じて、取扱品の中から優良品を選ばせて御用表とすることにした。また、御用表と献上表だけでなく、その生産量の大部分を占める商用表《しょうようおもて》があった。これは文字通り、一般に売買されるものである。藩としては、献上表と御用表の確保が最優先であったが、商用表に関しても種々の規制を行っている。例えば、領内で生産されるすべての商用表は、福山城下の神島《かしま》町に集荷され、当地で畳表改役のチェックを受けなければ、一切の売買ができなかった。それは藩が商品である畳表の数量を把握することで、運上を確実に賦課するシステムであった。なお、『水野家分限帳《ぶげんちょう》』には「御畳奉行」や「畳奉行」といった役職が認められる。

藺草の売買については、奉行所の鑑札が必要で、福山城下の藺町と鞆町以外での売買は禁止であった。生産に関しても、村々から差し出された『藺田下改帳』

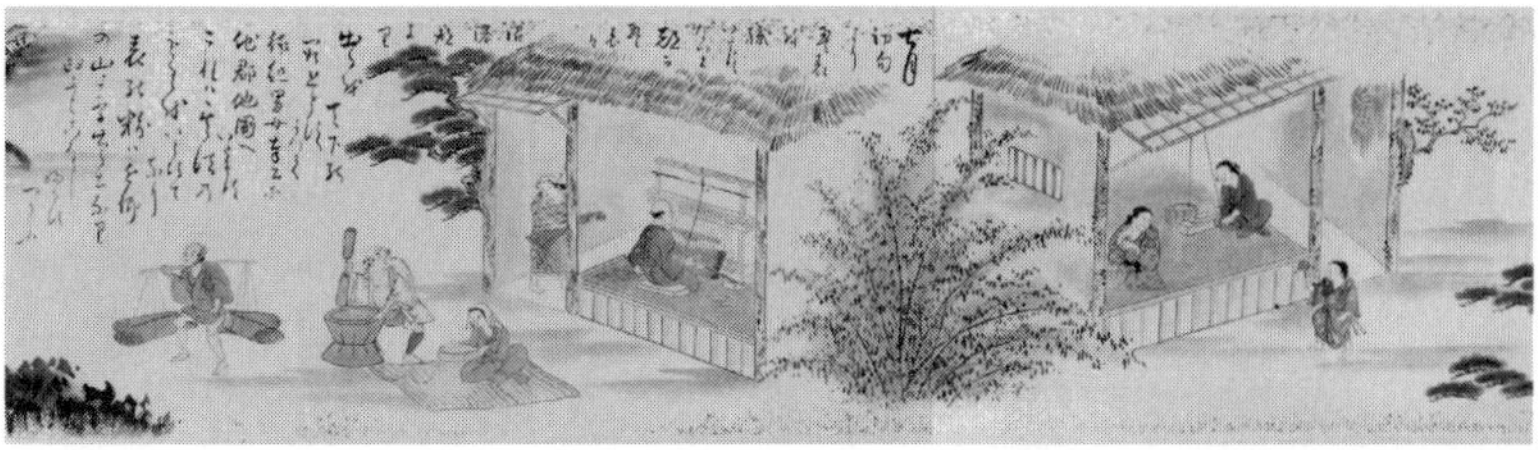
殖藺図巻「機織り場面」（個人蔵　広島県立歴史博物館寄託・写真提供）

をもとに、村役人立ち合いの上で藺田《いでん》の検見が厳重に実施された。また、植付け反別と藺束数、および品質（上・中・下・下々の四等級）が記された『藺田帳』を毎年村々から提出させることで、藩は正確な生産量を把握し、年貢の徴収とともに、村々へ御用表の割り当てを行っていったのである。

諸産業の振興

以上、近世期における当地域の主要産業としては、塩田と製塩・綿作と木綿織・藺草と畳表が真っ先に挙げられるが、その他にもいくつかの産業がみられる。

領内北部の山間地域では、煙草《たばこ》の栽培が盛んに行われた。煙草は換金作物として、農家の現金収入の面で大きな比重を占めていた。また、煙草運上銀を課すことで、藩にとっても貴重な収入源になった。さらに、山間部では鉱山の開発が行われた。その開発年代については不詳であるが、沼隈郡本郷村では商人による銅山経営が行われ、一時は盛況を収めていたことが伝えられている。ただし、鉱山経営には多くの問題が生じたとみられ、特に本郷川流域の村々による悪水（汚水）被害は深刻であった。藩は年貢減免の措置を施したものの、その程度の補償ではどうにもならなかったようである。その後も度重なる商人資本の進出によって、銅山は閉山と再興を繰り返したようで、松平時代にも採鉱されたが、結果は芳《かんば》し

本郷銅山跡「千人坑」

くなかったのか、すぐに止めている。続く阿部時代になると、再び鉱山復興が企てられたが、大規模な反対運動が起り、断念している。

ちなみに、大正年間には鉱山の坑道から湧く鉱水を利用して、温泉経営が行われた。やがて、「本郷温泉」として温泉街が形成されて盛況をみたが、その後は段々と旅館の数も減少していき、現在では入湯可能な施設は残存していない。

姫谷焼と勝成流浪伝説

水野時代の産業で特筆すべきものに窯業《ようぎょう》がある。それは「姫谷焼《ひめたにやき》」と呼ばれている陶磁器で、古くから備後地域を中心に伝世品がみられ、愛好家達の間でその名が知られている。姫谷焼の特徴の一つに色絵磁器があり、皿を中心に美しい絵柄が描かれているものが認められる。昭和四十六年（一九七一）には、六枚の姫谷焼色絵皿が広島県の重要文化財に指定されている。姫谷焼については、有田《ありた》や九谷《くたに》とともに日本の初期色絵磁器の一つとされるが、肝心の「何時《いつ》、誰が、何のために」製作されたものなのか？　といった実態は不明である。

姫谷焼に関して触れられている唯一の史料としては、『西備名区《せいびめいく》』★があるが、そこに記述された内容は、福山藩祖の水野勝成と姫谷焼をめぐる伝説といった類のものである。

姫谷焼色絵皿「紅葉文小皿」（広島県重要文化財　個人蔵　広島県立歴史博物館蔵・写真提供）

▼『西備名区』
向永谷村の庄屋であった馬屋原重帯（一七六二〜一八三六）が著し、江戸時代後期の文化元年（一八〇四）前後に草稿が成立したとされる備後全域にわたる地誌である。稿本九〇巻三四冊（完備）、清書本八九巻八九冊（初巻欠、第二七巻後補）からなり、昭和四十一年（一九六六）四月二十八日に県重要文化財に指定されている。

『西備名区』巻二五の「深津郡 福山侯 水野日向守源朝臣勝成君」の項に、父の勘当によって流浪中のこととして、「(前略)……食を求めて、とある家に訪れたところ、一人の老婆が勝成を歓待してくれた。満腹になって、しばし眠りについたが、やがて目を覚ました勝成は、老婆に当地に何か働き口がないかどうか尋ねた。すると、彼方の谷は姫谷という谷で、そこでは窯業が行われており、人も雇っているので、そこへ行ってみるように勧めた。早速、勝成は谷へ赴き、窯業の手伝いをすることとなった。そうこうするうちに、勝成は製陶の技術を習得してしまった。その時に勝成が製作した器物こそが、姫谷焼として今に伝わり、重宝されているものである、……(後略)」とあり、水野勝成の流浪時代には姫谷に陶工が居て、窯業を行っていたとされる。また、同書の巻四〇の「品治郡 御茶店場」の項にも、「(前略)……勝成が諸国を浪人していた頃、当地に至って一夜の宿を老婆に求めた。翌朝、老婆の勧めで、陶工の家を訪ね、そこで働くこととなった。主人は勝成の技量を見込んで、何かと歓待した。勝成は当家に長居をするつもりもなかったため、酒肴代として主人から金を受け取ると、すぐに立ち去ろうした。すると、主人はひどく残念がって、後継者もいないので、是非とも才能のある勝成に継いでもらいたいと懇願した。しかし、勝成はこの仕事は好きではなく、路銀を得るために仕方なく働いたに過ぎず、また製陶の秘伝は当家を継ぐ者が継ぐべきで、自分ではないことを明言し、やがて自分が立身出世した暁には、しかるべき援助をすることを告げ、当家を立ち去った。この器物こそが、備後の名品である姫谷焼である。その後、当地に入封した勝成から十分な御礼を下賜された陶工の主人は、窯業を止めてしまい、のんびりと余生を過ごした。そのため、今では姫谷焼の陶器は稀少となっている。……（後略）」とあって、先の内容に沿った話となっている。しかし、後述するように、姫谷焼は十七世紀後半の比較的短期間の操業であることが判明しており、勝成が流浪して当地に滞在していたとされる天正十七年（一五八九）から慶長三年（一五九八）の時期とは大きく異なっている。そのため、姫谷焼と水野勝成との関係は貴《き》種《しゅ》流《りゅう》離《り》譚《たん》の一種といえるものであり、『西備名区』が編まれた頃にはすでに姫谷焼は廃絶しており、半ば伝説化していたことがうかがい知られる。

姫谷焼の考古学的調査・研究

そうした中、姫谷焼の実態解明に向けた取り組みとして、考古学的な調査が行われている。姫谷焼の窯跡は、福山市加茂町百谷《ももだに》に所在し、昭和十二年（一九三七）五月二十八日付で広島県の史跡に指定されている。

福山市教育委員会では史跡地の環境整備を目的として、昭和五十二年と昭和五十三年の二年にわたる発掘調査を実施した。

窯跡の発掘調査風景
（福山市文化振興課写真提供）

検出された窯跡
（福山市文化振興課写真提供）

調査の結果、ほぼ同じ場所で上下に重なった新旧二基の階段状の連房式登窯《れんぼうしきのぼりがま》が検出された。出土遺物にはトチン・ハマ・サヤといった各窯道具《かまどうぐ》の他、既往の調査でも知られていたように、染付・鉄絵染付・白磁・青磁・鉄釉などの磁器や陶器がみられ、その作品の多様性がみてとれる。器種についても、磁器では碗・皿・鉢・香炉・花瓶、陶器では碗・皿・鉢・茶入といったように、色絵磁器以外にも多種多様な作品が製作されたことが明らかとなった。そして、調査後の昭和五十三年十月四日には、県史跡の追加指定を受けた。

近年では考古学的研究の進展によって、姫谷焼は窯の構造や作品の特徴、窯道具などからみて、肥前窯の技術を導入して、その影響の下で成立したものであると考えられている。新たに平成二十八年（二〇一六）四月二十二日には、一七三二点の「姫谷焼窯跡等出土資料」が福山市重要文化財（考古資料）に指定された。今後、これらの資料は姫谷焼調査・研究を行う上で、貴重な基礎資料となるものといえよう。

水主浦と漁業

領内南部の沿岸部・島嶼部では、水産業が注目される。幕藩体制下においては、海上交通に必要な労力奉仕（水主役《かこやく》）を負担させることの代償として、一定範囲

姫谷焼の窯道具
（左５点は村上コレクション　広島県立歴史博物館蔵　右８点は福山市重要文化財「姫谷焼窯跡等出土資料」　福山市教育委員会蔵　写真は広島県立歴史博物館提供）

姫谷焼窯跡

の海面について優先的な漁場用益権が認められるという、水主浦《かこうら》制度があった。幕府や藩の公用船に際しての漕ぎ方や、通信連絡などに従事させられ、負担も大きかったが、出役に対する賃飯米も支払われたため、それなりにメリットもあったようである。

例えば、福山藩の場合、参勤交代の水主賃は一人一日一升で、室津まで付き従えば五升、大坂まで付き従えば一斗が別に支払われた。また、水主浦には城下八ヵ郷（野上・本庄・木之庄・坂田・草戸・吉津・藪路《やぶろ》・奈良津）と同じく、「諸役・諸掛り」が特別に免除されていた。水野時代の福山藩では、沼隈郡・後月《しつき》郡の島浦二十七ヵ町村が水主浦に指定されていた。また、領内の港としては、本港である鞆《とも》の他に、田島《たしま》浦・笠岡村が脇港、さらに白石島《しらいしじま》が小港と位置付けられていた。これら四港は瀬戸内海交通の要所であり、本港を起点に補完しながら、公用に備えていた。

福山藩の水主浦に指定された深津・沼隈両郡の海面は、豊富な魚種と漁獲量に恵まれた「深沼漁場★」と呼ばれる漁場であった。藩は深沼漁場を領内漁民の入会《いりあい》漁場とし、サワラ網・帆引網・立網・繰網・ママカリ網・釣魚・延縄・篝火漁といった漁法が盛んに行われた。ただし、入会漁場とはいうものの、豊かな漁場をめぐる争論は、江戸時代を通じて度々生じたことは多言を要しない。

漁業の中心は鞆であり、藩の御用をはじめ城下町への供給の面でも重要な地位

▼**深沼漁場**
東は備後・備中の境の海岸から白石島ユルカ礁を見通し、そこから西へ走島の梶子島西端を見通し、また西は尾道と山波村の境から向島東村松ヵ鼻の海面中央を見通し、さらに加島の東端と百島の西橋との間を百貫島に見通し、南は百貫島から東、走島の南方海上へ見通した範囲の海域である。

を占めていた。早くに永享年間（一四二九～一四四一）には、鞆の治郎太郎という者が手繰網《てぐりあみ》★を発明して以来、前面に広がる海域で出漁が行われたとされ、次いで寛永年間（一六二四～一六四四）には、鞆の当納屋《とうのうや》忠兵衛《ちゅうべえ》とその沖合に浮かぶ走島《はしりじま》の村上太郎兵衛との二人によって、タイ網・サワラ網の漁法が考案されたと伝えられる。現在、「鞆の浦 鯛しばり網漁法」として、福山市の無形民俗文化財に指定され（平成二十七年（二〇一五）三月二十五日指定）、毎年五月に開催される観光鯛網は、伝統漁法を再現した一大イベントとして地域の初夏の風物詩となっている。

また、鞆の漁民は田島の漁民とともに、高度な操船技術に加えて「網取法《あみとりほう》」★と呼ばれる漁法の技術力から、九州西海地方における捕鯨への出稼ぎを活発に行っていたことが知られている。

鞆鍛冶

古くから瀬戸内海有数の港町として栄えた鞆では、鉄を鍛錬して製品にする鍛冶が盛んであった。本来、鞆の鍛冶は刀鍛冶であったとされるが、江戸時代には錨・船釘といった船具の製造が発達し、「鞆鍛冶《ともかじ》」として人口に膾炙《かいしゃ》している。

元和二年（一六一六）には、平戸のイギリス商館長であったリチャード・コッ

▼手繰網
底引網の一種で、船で漁具を引かずに、漁具を展開した後、船を固定し、漁具を手繰（たぐ）って船に引き寄せる。

▼網取法
網を張ってある場所に鯨を追い込んで、それから銛で突き取る方法。延宝五年（一六七七）に紀伊国太地で考案されたという。

鞆の浦観光鯛網
（福山市文化振興課写真提供）

クスが鞆に寄港した際、購入を依頼していた鉄一万二〇〇〇斤（約七二トン）を受け取り、その代銀二貫一〇八匁を支払ったことが日記に記されている。

鞆では福島正則によって職人が集住する鍛冶町が形成され、親方が手子《てご》数人を抱えて作業を行う、いわゆる「徒弟《とてい》制度」で生産が行われた。藩では有力な鍛冶の親方を「御用鍛冶」とし、五人扶持の待遇と鍛冶鑑札を与えた。

鞆鍛冶の技術は、現在でも鍛冶町から鞆鉄鋼団地へと拠点を移した鞆鉄鋼協同組合連合会（鞆伸鉄団地協同組合・鞆金属工業協同組合・鞆船舶金物工業協同組合）によって、伝統は受け継がれている。また、関連する民俗行事として、鍛冶町所在の小烏神社《こがらすじんじゃ》境内にある天目一箇神社において、毎年十二月の第一土・日曜日に鞴《ふいご》祭りが行われている。

以上、藩内で開発・発達した主な産業を概観してきた。福山を中心とした現在の備後地域は、多様な地場産業が集積し、「オンリーワン企業★」、「ナンバーワン企業★」が隆盛を極める全国的にも珍しい地域である。

興味深いのは、それらの中には、江戸時代以来の産業にルーツがあり、幾多の変遷を経ながらも、今日まで脈々と企業経営が続けられているということであろう。

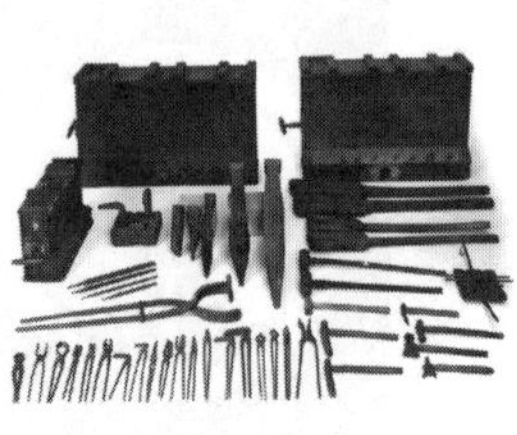
鞆の鍛冶用具
（福山市文化振興課写真提供）

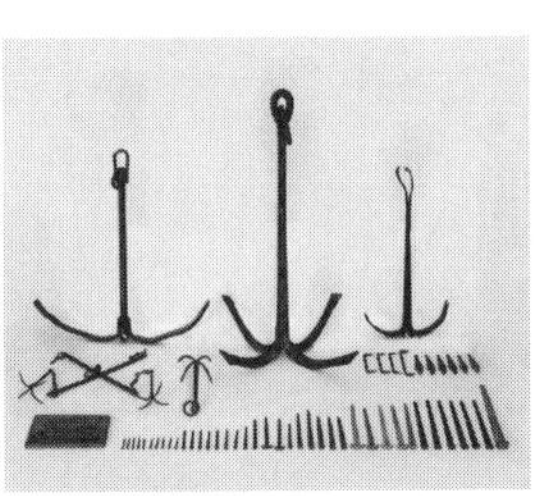
鞆の鍛冶製品
（福山市文化振興課写真提供）

▼オンリーワン企業
国内において取り扱う製品または保有する技術が他社にないものを有する企業。

▼ナンバーワン企業
生産量、販売量等が国内シェアまたは世界でのシェアがナンバーワンである製品または技術を有する企業。

4 御家中騒動と御家断絶

太平の世にありながらも、水野時代には藩主の死に伴って、御家騒動が起こっている。一つは二代・勝俊の死と家臣七人の殉死、もう一つは三代・勝貞の死と家臣五人の殉死である。そして、水野家最大の危機が五代・勝岑の早世による御家断絶である。

勝俊の死と家臣七人の殉死

二代藩主の勝俊《かつとし》は、慶長三年（一五九八）父勝成《かつなり》の放浪先であった備中国成羽《なりわ》で生まれた。当初は勝重といい、十一歳の時には徳川秀忠《とくがわひでただ》に仕え、慶長十四年、美作守に叙任された。勝俊は父に劣らず武勇を誇ったといわれ、大坂冬の陣・夏の陣においては大いに武功を挙げている。福山入封後の元和六年（一六二〇）には、鞆《とも》に在して父を補佐した。寛永九年（一六三二）加藤忠広《かとうただひろ》（勝成の甥）改易に伴う肥後国熊本城の請取り、寛永十五年の島原・天草の乱には、父とともに従軍し、その任を果たした。

藩主の座に襲封《しゅうほう》したのは、勝成が致仕《ちし》★した寛永十六年のことで、すでに四十二歳の壮年に達していた。しかも、勝成は慶安四年（一六五一）まで存命で、そ

水野家家紋

▼致仕
官職を退いて隠居すること。

の発言力は大きく、さらに二万石もの隠居料が割りあてられたことからも、独自の治政は勝成の死後に行われたものと思われる。

しかし、勝成の死からわずか四年後の承応四年（一六五五）、勝俊は江戸参府中に五十八歳で死去してしまう。勝俊は生前、息女（万寿姫）の病の祈禱を法華宗の妙政寺《みょうしょうじ》日邉に依頼し、自らも帰依するほどの熱心な信者であったため、死後は妙政寺に葬られた。そもそも刈谷以来、水野家は曹洞宗であり、勝俊の信仰は「水野の一代法華」と俗にいわれている。ちなみに、同寺は刈谷以来、筆頭家老を務めた上田玄蕃《げんば》家の菩提寺であった。

勝俊の墓前には七人の殉死者★の墓が並んでいる。勝俊が亡くなった時世は、寛文三年（一六六三）の殉死禁止令が出される以前で、主君への忠義を示す殉死の行為が美徳とされていた。なお、水野《みずの》勝俊《かつとし》墓域《ぼいき》については、昭和四十二年（一九六七）一月三十一日に市史跡に指定された。また、近年現状変更が行われ、新たに所在が判明した勝俊正室（長生院）の墓が隣接して造営されている。

勝貞の死と御家中騒動

三代藩主の勝貞《かつさだ》は、寛永二年（一六二五）勝俊の次男として鞆で生まれた。幼名は藤十郎や伊織といい、成人後は勝春や勝秀と名乗ったが、やがて勝貞に改め

水野勝俊の墓（妙政寺）

▼七人の殉死者
馬場長右衛門・河上一郎右衛門・三宅半助・田中十郎右衛門・上田七兵衛・横山惣右衛門・西山半左衛門。

た。島原・天草の乱の際には、十四歳で初陣として従軍した。寛永三年、将軍徳《とく》川《がわ》家光《いえみつ》に拝謁し、翌年には備前守に叙任された。勝俊の死後、明暦元年（一六五五）に遺領を継ぎ、新たに日向守に叙任された。そのため、祖父の勝成に対して「後日向守」と呼ばれる。

勝貞は三十一歳という壮年で襲職《しゅうしょく》したものの、元来病気がちであったらしく、治政下では譜代の重臣を抑え、門閥ではない側近を重用するといった、いわゆる側用人《そばようにん》政治を展開した。そうすることで、藩主の独裁権を強化していったものと考えられる。しかし当然のことながら、新体制に日々不満を募らせていた旧体制側による権力奪回の巻き返しは必定のことで、その好機が寛文二年（一六六二）の勝貞の死去に訪れた。藩主の死去により、追腹を切らない側近らに対し、不忠の輩として藩論を展開したのである。

実のところ、勝貞は父勝俊が死去した際に七人の側近が追腹《おいばら》を切ったことという過去もあり、自身が死去した際には追腹を切ることを厳禁していた。と同時に、勝貞は自身が死去した後は、まだ幼い二歳の嫡男をしっかりと補佐するよう諭した覚書を残していた。にもかかわらず、城代家老の上田玄蕃《げんば》直重や次席家老の中山将監《しょうげん》重盛らは、そうした密約を公にすることもなく、側近らを追い詰めていった。その結果、五人の側用人★は、勝種襲封の六日後、勝貞の百箇日法要に合わせて江戸常林寺《じょうりんじ》の墓前にて追腹を切った。当時はすでに殉死が禁じられていた

水野勝貞肖像画
（個人蔵・茨城県立歴史館写真提供）

▼五人の側用人
下村弥市右衛門・広田太郎兵衛・岡田杢右衛門・山口清兵衛・稲熊三右衛門。

ので、その死は先君勝貞のためではなく、幼君（勝種）への忠義のためという理屈によるものであった。側近の追腹に加え、その一族らも追放・格下げに処したことで、再び譜代の重臣が実権を握った。こうして、武断政治から文治政治への転換期に起こった一連の御家中騒動（水野家家中騒動）は閉幕した。

ちなみに、福山城の北側にある福山八幡宮は、「両社八幡宮」とも別称されるように、二つの社からなり、両社は福山城築城の際、城下南西（野上八幡宮）と城下南東（惣堂八幡宮）の地にそれぞれ遷宮されたものであるが、惣堂八幡宮は音の「そうどう」が騒動に繋がるとして忌み嫌われ、延広《のぶひろ》八幡宮に改められたと伝えられている。

勝種・勝岑の治世

勝貞の跡を継いだ四代藩主の勝種《かつたね》は、寛文三年（一六六三）わずか三歳で藩主の地位に就いた。寛文八年、将軍家綱《いえつな》に拝謁し、延宝三年（一六七五）美作守に叙任された。そのため、祖父の勝俊に対して「後美作守」と呼ばれる。藩主が幼年ということもあり、治政の前半は家老らによって主導された。そこで、その専横化を監視するため、同年幕府は「福山目付」として、柘植直正《つげなおまさ》と河野通定《こうのみちさだ》の両人を派遣している。勝種が藩主の地位にあったのは約三十五年間で、治政の後半

福山八幡宮

水野勝貞の墓（賢忠寺）

は親政が行われた。ところが、元禄十年（一六九七）八月十日、森氏の改易による美作国津山城の請取りを命ぜられた矢先、勝種はにわかに吐血して倒れ、同月二十三日に三十七歳で死去してしまう。

そこから事態はさらに深刻化していく。勝種の死後、その跡を継いだ五代藩主の勝岑《かつみね》は、松之丞と称したわずか一歳（生後九ヵ月）という幼子であった。幼くして藩主の座に就いたため、当然のように自身で藩政を執ることはできず、父勝種と同じように、藩政は家老らによって主導されることとなった。また、勝岑が幼君であるということで、元禄十年十二月には幕府から岡部《おかべ》重矩《しげのり》と本多《ほんだ》正兼《まさかね》の両人が「福山目付」として派遣された。

そして、元禄十一年三月、襲封の御礼言上のため、勝岑一行は福山を出発して江戸に向かった。その道中にて勝岑は発病し、四月二十八日に江戸へ到着したものの、五月五日に一年五ヵ月という齢《よわい》で夭逝《ようせい》してしまう。当然のように跡継ぎはなく、ここに約八十年五代にわたって「西国鎮衛」の任を担った譜代大名の雄・水野氏は、継嗣《けいし》断絶によって改易となるのである。

水野氏断絶と領内の動揺

突然の出来事ということもあって、領内に動揺が広がった。特に、城明け渡し

水野勝種の墓（賢忠寺）

水野勝種肖像画
（個人蔵　茨城県立歴史館写真提供）

に対しては、籠城の姿勢を示す家臣団もみられるなど、城下は一時騒然となったが、重臣や福山目付の説得や慰撫によって、間もなく鎮静化に向かっていった。

幕府は福山城の請取りの上使《じょうし》として、青山幸督《あおやまよしまさ》（摂津国尼崎・四万八千石）、目付として別所常治《べっしょつねはる》（旗本）を派遣し、城請取りは松平定陳《まつだいらさだのぶ》（伊予国今治・四万石）と浅野長澄《あさのながずみ》（安芸国三次・五万石）に命じ、京極高或《きょうごくたかもち》（讃岐国丸亀・六万石）を城在番に任じた。さらに、先任の福山目付であった岡部・本多の両氏を溝口勝興《みぞぐちかつおき》、中《なか》根《ね》正包《まさかね》と交代させるとともに、天領となった水野氏の旧領を支配させるための幕府代官として、山木与惣左衛門《やまきよそうざえもん》、曲淵市郎右衛門《まがりぶちいちろうえもん》、宍倉与兵衛《ししくらよへえ》の三人を任命した。

上使以下は、八月十一日に神辺に着き、翌日には福山へ到着した。すでに騒動も収束しており、速やかに城付きの武具・諸道具、兵糧米などの引き渡しが行われた。また、「郷村帳」、「国絵図」、「鉄砲改帳」、「城絵図」、「城下絵図」、「家中屋敷帳」、「米倉棟数書付帳」、「宗門改帳」、「町中絵図」、「条目写」、「家中分限帳」、「運上定帳」、「小物成高帳」、「人別牛馬改帳」、「山帳」なども公儀役人へ差し出され、九月中旬には一連の作業が終了した。しかし、これで万事解決というわけにはいかず、膨大に発行された藩札《はんさつ》の処分、および遺臣の処遇という大きな問題が待っていた。

福山藩ではかなり早い寛永七年（一六三〇）に藩札の発行が明らかとなっている。それ以降、多量の藩札が発行されたものと思われるが、苦労の末にその処理も無

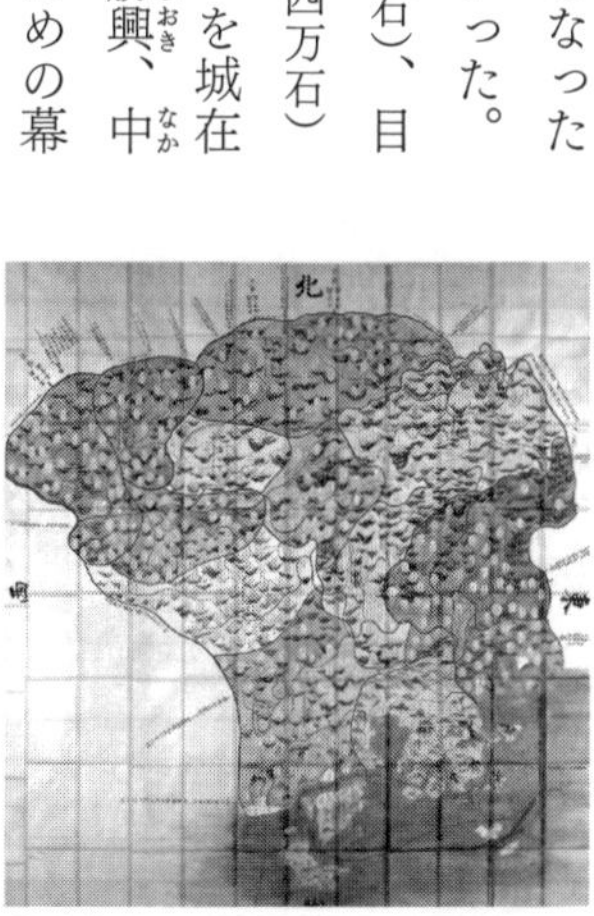

備後絵図（重要文化財菅茶山関係資料 広島県立歴史博物館蔵・写真提供）

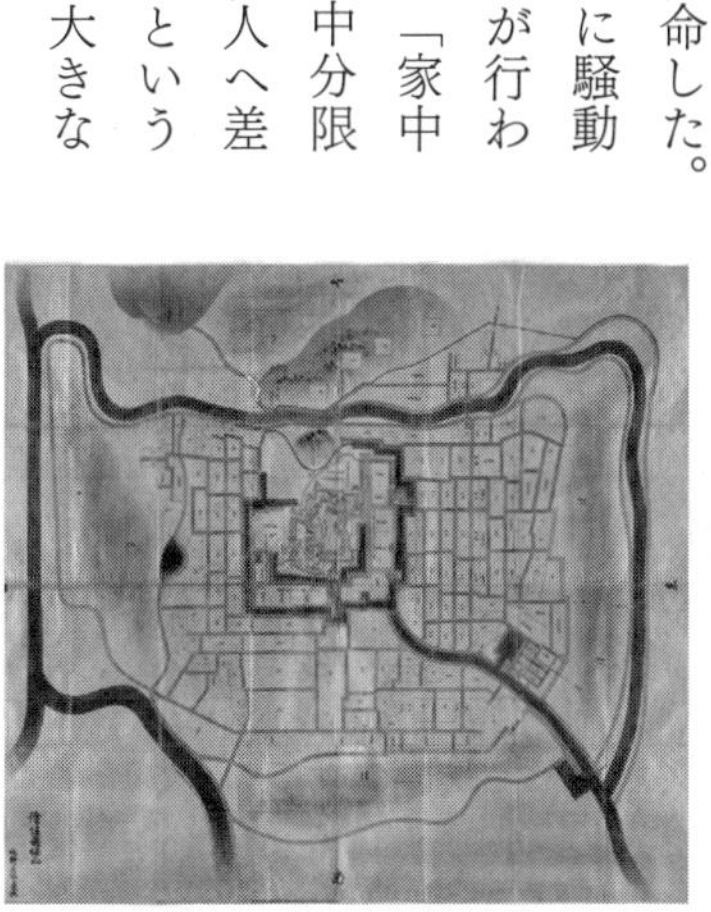
正保城絵図のうち備後国福山城図（国立公文書館蔵）

事に終え、領内の動揺も収まった。また、家中へは福山退散のための路銀割符の配分も行われた。まずは有金を「本割《ほんわり》」とし、次いで諸道具の売払い代銀を「追割《おいわり》」として配分された。その際、知行取り一人二二両を最高として、中間小人の一人一分まで、その身分や家格に応じて配分した。なお、後述するが、水野勝長《みずのかつなが》へ召し抱えられた者は本割のみであった。その他、美作守後室宝顕院へ一〇〇〇両、同甥の勧修寺宰相に一〇〇両をそれぞれ割当てて、高野山常慶院、大徳寺瑞源院、賢忠寺《けんちゅうじ》、妙政寺《みょうしょうじ》といった水野家歴代の菩提寺に対して、供養のための祠堂銀《しどうぎん》が納められた。

さて、禄を失った家臣の多くは、新たに他家へ仕官することもままならず、その多くが牢人、もしくは領内諸村へ帰農していった。しかし、単に帰農といってもそれは容易なことではなく、入村するにあたっては誓約書を提出させられている。武家の象徴ともいえる名字帯刀を捨て、農業に専念し、「村中百姓中並」に暮らすという条件の下に、村での居住が許されたのである。

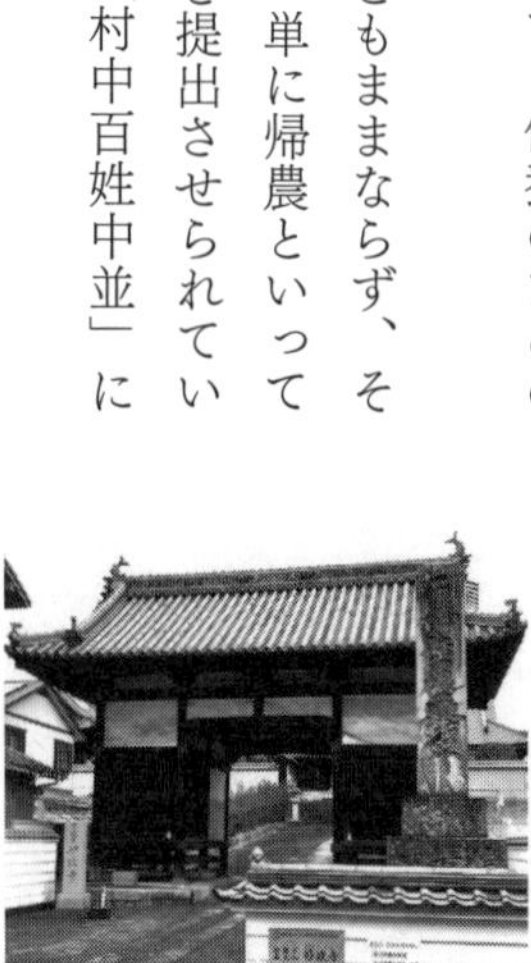
妙政寺仁王門

賢忠寺山門

水野氏略系図

- 忠政《ただまさ》（藤七郎）
  - 信元《のぶもと》（藤七郎）
    - 忠重《ただしげ》（藤十郎）
      - 初代 勝成《かつなり》（藤十郎）
        - 二代 勝俊《かつとし》（勝重）
          - 三代 勝貞《かつさだ》（勝重）
            - 四代 勝種《かつたね》（勝慶）
              - 五代 勝岑《かつみね》（松之丞）
        - 勝忠《かつただ》
          - 勝直《かつなお》
            - 結城水野藩初代 勝長《かつなが》（数馬）
  - 忠重

これも福山

木綿織と「備後絣」

　領内における綿作の発展は、新たに農村婦女子の農間余業（内職）として木綿織を普及させ、白木綿・浅黄木綿・紺木綿・縞木綿といった織物産業が盛況となり、神辺《かんなべ》では「神辺縞」と称された綿織物が織られ、松永湾沿岸の村々では帆木綿が織られた。また、鞆の港に寄港した各地の商船は、「福山古手《ふくやまふるて》」と呼ばれた古着（木綿織物）を戻り荷としたという。

富田久三郎像

　こうした状況の中、城下や在方町の木綿問屋は、綿作から木綿織の生産に至る分業過程を一元化するとともに、製品を村々から集荷し、領外への移出を行った。さらに資本を有する問屋は、農民層に器材を貸し与え、賃金を前渡しする賃機を行うなどの、いわゆる問屋制家内工業が進展していった。やがて、それは文久年間（一八六一～一八六四）になると、富田久三郎《とみたきゅうざぶろう》（一八二八～一九一一）によって創始された「文久《ぶんきゅう》絣《がすり》（備後絣）」へと結実していく。

　絣《かすり》とは、あらかじめ模様を想定した上で、色分けの染色加工を糸に施し、織り上げて図柄を表現する装飾技法のことで、また織り上がった織物そのものを指す。備後《びんご》絣は、伊予《いよ》絣・久留米《くるめ》絣とともに日本三大絣の一つとして知られ、平成四年（一九九二）三月には広島県伝統的工芸品に指定されるなど、その価値は現在でも高く評価されている。

　けれども、近年では化学繊維の進出により、その需要は大きく減少し、最盛期には二〇〇社あった織元が今では二社のみという状況で、その生産は衰退している。とはいえ、今でも備後絣の主産地であった福山市新市《しんいち》町を中心とする地域では、備後絣の生産技術を活かして転換を図るなど、デニム生地の生産をはじめとするアパレル産業が盛んである。また、地域における生涯学習の拠点として、「福山市しんいち歴史民俗博物館」では、備後絣に関する技術の保存と活用について、積極的に取り組んでいる。

福山市しんいち歴史民俗博物館

これも福山

謎の姫谷焼をめぐって

発掘調査の成果を踏まえると、姫谷《ひめたに》窯の操業時期は十七世紀後半であり、水野勝成《みずのかつなり》の時代とは年代的にも合致しない。

しかし、色絵磁器という当時の最先端技術が製作され、その他にも日常雑器がほとんど認められないということなどから勘案すれば、その操業には領主層の関与があった可能性初めて容易に想起されよう。

だとすると、当該期の福山藩主は水野氏であったため、姫谷焼は水野氏によって経営されたものと判断される。年代的には、三代勝貞《かつさだ》から四代勝種《かつたね》にかけての時代に相当する。先の姫谷焼と水野勝成との関連についても、水野氏による経営という伝承が後世に伝えられ、形成されたものと考えられる。

なお、水野氏改易後、加茂町百谷一帯は享保二年（一七一七）に豊前国中津藩領となるが、もしかするとそうしたことも、福山藩に姫谷焼に関する史料が何も遺っていない要因かもしれない。

福山城鏡櫓文書館が所蔵する『小場家文《こばけもん》書《じょ》』の一つ「水野家福山在城時代 諸臣分限帳」の中に「十五石 壱人半扶持 焼物師 小野右衛門」という興味深い記載がみられ、この焼物師こそが姫谷焼を管掌した人物であろうか、と指摘されているが、実態は明らかでない。

こうした中、近年の福山城跡における発掘調査で姫谷焼が出土したことで、新たな知見が得られている。

姫谷焼は駅前の二つの地点からそれぞれ出土しており、そのうち一点は舟入《ふないり》遺構内の西部で出土したもので、四割程の小皿の破片である。その内面は色絵ではなく、染付で松が描かれている。もう一点は第三－二次調査で出土したもので、四割程の小皿の破片である。同じくその内面には色絵ではなく、染付で飛雲のような紋様が描かれている。調査報告書では、特に言及されていないものの、姫谷焼の生産体制に関して、こうした成果から示唆を得ることができる。

舟入遺構出土の姫谷焼（福山市文化振興課・写真提供）

想像を逞《たくま》しくして述べると、姫谷焼の色絵磁器については、窯で焼かれた後に移送され、最終工程である上絵については、城下に所在する工房で行われた可能性が高いものと考えられる。

一三〇〇度程度の高い焼成温度が必要な段階と、七〇〇度前後という比較的低温で焼成できる段階とを、それぞれの場所で分業していたのではあるまいか。また、そうすることで高級食器・贈答用食器として、藩による品質管理が十分に行われていたのではないだろうか。何れにせよ、姫谷焼をめぐっては、まだまだ未解明な部分も多く、今後の調査・研究の進展が俟たれるところである。

これも福山

名酒「保命酒」と徳利

現在も、鞆の浦（以下、鞆）を代表する名産品といえば「保命酒《ほうめいしゅ》」である。保命酒とは、餅米と焼酎を主原料とし、薬種《やくしゅ》と砂糖を加えた薬用酒のことで、清酒のように粳米《うるちまい》は使用していない。元禄十四年（一七〇一）の『中村家文書《なかむらけもんじょ》』に所載された家譜によれば、鞆保命酒屋の初代中村吉兵衛《なかむらきちべえ》吉長の父壌平利時は医者で、大坂生玉神社の傍にて開業していた。吉兵衛は若くして商いを行っていたが、承応二年（一六五三）の秋に起こった大洪水で、大きな被害を被ってしまう。その折、上坂中であった鞆の酒造業者万古屋と知り合い、明暦元年（一六五五）の冬には再起を期して、彼を頼って鞆へ移住することにした。当初は万古屋に寄宿していたものの、三年後には同家を去って独立し、万治二年（一六五九）の春、亡父利時から相伝された薬法によって薬酒を試醸し、鞆奉行中村市右衛門を通じて藩の許可を得て、焼酎製銘酒「十六味《じゅうろくみ》地黄《じおう》保命酒」と名付けて製造販売を始めた。そして、屋号を名酒屋（後に保命酒屋と改称）と称し、当主は代々吉兵衛を襲名した。

中村家では保命酒をはじめ、梅酒・忍冬酒・菊酒・養気酒（後の不老酒）を五種の薬酒、および味醂酒・練酒・本直酒・上焼酎・焼酎を合わせた十種類を造って、これらを「十品種」と呼んだ。五種の薬酒は株により、その醸造権と販売権を独占した。

なお、歴史上、保命酒を愛飲した人は計り知れないが、『日本外史』を著した稀代の文人・頼山陽《らいさんよう》（一七八一～一八三二）や、文久三年（一八六三）八月十八日の政変で都落ちした三条実美《さんじょうさねとみ》をはじめとした七卿らは、保命酒を讃した漢詩や和歌を詠んでいる。また、黒船来航に伴い、ペリー提督一行や初代駐日領事ハリスにも接待酒として出された。

時は下って、保命酒で隆盛した中村家は、明治四年（一八七一）の領民一揆で被害を受けた。さらに営業自由が広く告げられると、鞆町内の船具商であった沢田善右衛門が保命酒醸造を始め、また中村家も多角的に他の事業に乗り出したことにより、保命酒一手専売の制は廃されることとなった。

現在、保命酒は鞆にある次の四つの会社で製造・販売されている。

◆**【入江豊三郎本店】**〔明治十九年（一八八六）創業・福山市鞆町鞆五三四番地〕

◆**【岡本亀太郎本店】**〔安政二年（一八五五）創業・福山市鞆町鞆九二七番地の一〕

◆**【鞆酒造株式会社】**〔明治十二年（一八七九）創業・福山市鞆町鞆一〇一三〕

◆**【八田保命酒舗】**〔明治四十一年（一九〇八）創業・福山市鞆町鞆五三一〕

保命酒は、四社それぞれで成分が微妙に異なっている。各店舗では試飲もできるので、鞆の町並みを散策しながら、飲み比べてみるのも一興であろう。

これも福山

御家再興と結城藩の成立

水野家の「先祖の筋目」を惜しんだ幕府は、二従兄弟半にあたる水野勝長《かつなが》に一万石（後に八千石加増）を給して、名跡を継がせることにした。それが、結城水野氏の起こりである。

水野勝長の父勝直《かつなお》は、勝成の六男勝忠《かつただ》の次男で、勝成《かつなり》の孫にあたる。寛文六年（一六六六）、勝直は父の遺領のうち上総国市原郡で五百石を給せられて旗本に列した。その後も加増され、元禄九年（一六九六）には一千五百石を知行するに至った。

その間には小姓・小姓組頭・京都町奉行を歴任し、元禄十二年に致仕《ちし》して寄合に列し、宝永三年（一七〇六）五十八歳で死去した。なお、その跡は、三男勝彦《かつよし》が継いで、書院番・使番・日光奉行・作事奉行・町奉行などを歴任した。

さて、勝長は幼名を数馬といい、勝岑死去により宗家を継承する以前の元禄八年、すでに将軍徳川綱吉《とくがわつなよし》に拝謁している。元禄十一年五月、将軍家より新たに一万石を賜る旨の命を受けたが、慣例により五十日間の遠慮（謹慎）を経た後、代々相伝の文書や武器、諸道具を整え、能登国の鹿島《かしま》、鳳《ふげ》至《し》、羽咋《はくい》、珠洲《すず》の四郡内に一万石を領し、羽咋郡西谷《にしやち》に拠点を構えた。また、元禄十二年には小姓となり、隠岐《おき》守と称した。

元禄十三年、下総国結城《ゆうき》、上総国武射《むさ》、山辺《やまべ》三郡へ所替えを命ぜられることとなり、柳沢吉保の神田橋の屋敷内へ移住した。また翌年には、上総国武射、常陸国真《ま》壁《かべ》、河内《かわち》、那珂《なか》、下野国芳賀《はが》の五郡において、三千石が加増された。さらに、元禄十六年には結城、芳賀、真壁の三郡内において、五千石の加恩を受け、計一万八千石を領する結城藩がここに成立した。

そして結城に築城することを許され、その資金に一〇〇〇両を下賜されるとともに、二〇〇〇両の貸与を受けており、こうした背景には将軍綱吉と側用人柳沢吉保《やなぎさわよしやす》による強力なバックアップがあったものと考えられている。結城藩の成立によって、召し抱えられたものは家老職を務めた小場《こば》氏をはじめわずか数十人に過ぎず、先述したように、その多くが旧領内に留まったものと思われる。

結城「聰敏神社」

なお、文化十三年（一八一六）には、水野勝成公を祭神とする「聰敏《そうびん》神社」が七代藩主（水野宗家十二代）水野勝愛《かつざね》によって、遠く福山の地より勧請されており、同社は結城城（臥牛城）跡の本丸内に現在も鎮座している。

結城水野氏は、江戸城の諸門番（半蔵門番・田安門番・一橋門番・和田倉門番・馬場先門番）などを務めつつ幕末まで存続した。

第三章 幕府領時代と松平氏

水野家改易後、幕府代官による支配を経て、松平忠雅による治政へ。

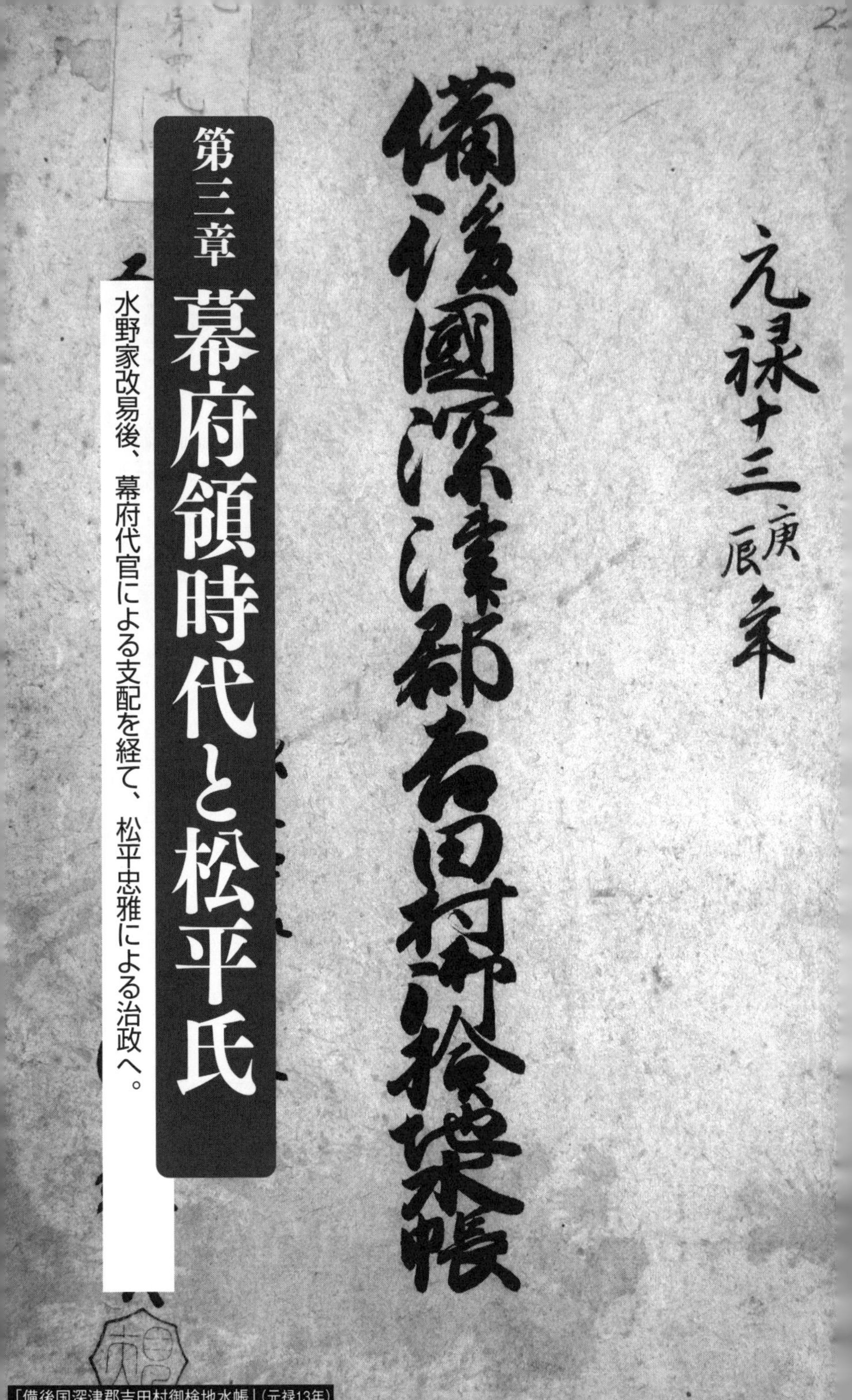

「備後国深津郡吉田村御検地水帳」（元禄13年）

1

代官支配と元禄検地

改易後、幕府領（天領）となり、代官によって支配された。その間、領内の検地が岡山藩によって実施された。その結果、約五万石が打出され、その分は削減され、新たに幕府領（天領）となった。まさに一大事で、その後の福山藩政にも多大な影響を与えることとなるのである。

改易後の代官支配

改易となった水野氏の旧領は、収公されて幕府領★（天領）となった。

前章で述べたように、元禄十一年（一六九八）福山城の請取りの上使とともに入国した山木与惣左衛門、曲淵《まがりぶち》市郎右衛門、宍倉《ししくら》与兵衛の三人が福山代官に任命され、旧領は彼らによって支配が行われることとなる。

代官による支配は、元禄十三年に松平忠雅の入封までの約三年という期間で終わり、後に詳しく触れるが、宝永七年（一七一〇）松平氏も一代で転封となり、その治政も十年足らずという短い期間であった。けれども、その間には重大な変革が認められ、福山藩史上においても重要なターニングポイントとなる時期でもあった。そこで、代官支配と松平氏と合わせて十二年間の藩政期を、本書では福

▼幕府領（天領）
全国に点在する天領には、それを支配するために、主に旗本が派遣され、枢要地には奉行、広域には郡代、その他には代官の役職が置かれた。

山藩の中期（転換・過渡期）と位置付けておきたい。

福山代官と三吉陣屋

福山代官に任命された三人は、蔵奉行や諸国の代官を歴任したいずれも下級の旗本であった。では、彼らの略歴を紹介してみよう。

山木氏は、家祖の勝重《かつしげ》が秀忠に仕えて、甲斐国に二百石の知行を給せられて以後、将軍家に代々仕えた。与惣左衛門は勝重の曽孫にあたり、諱《いみな》を明景《あきかげ》といい、寛文八年（一六六八）将軍徳川家綱《いえつな》に謁し、延宝六年（一六七八）には大番、元禄二年（一六八九）には蔵奉行に任じられ、元禄九年から元禄十四年まで各地の代官職を務めた。

曲淵氏は、家祖の吉門《よしかど》が家康に仕え、家康の関東入国に従い、相模国に知行を与えられ、後に徳川家光の弟徳川忠長《とくがわただなが》の従臣となった。寛永十年忠長が改易後に自刃したため、一時処士《しょし》となったが、寛永十六年（一六三九）に召し出され、下総国に百三十石の知行と廩米《りんまい》七〇俵を給せられ、旗本の列に復した。市郎右衛門は養子であったが、吉門の孫にあたり、諱を昌隆《まさたか》といい、寛文二年将軍徳川家綱に謁し、翌年に大番役となり、元禄二年には蔵奉行に任じられた。元禄八年から代官職となって以降、各地の代官職を務めた。

徳川家綱肖像画
（東京大学史料編纂所蔵模写）

宍倉氏は、『寛政重修諸家譜《かんせいちょうしゅうしょかふ》』によれば、「某」と記載され、その系譜は明らかでないが、与兵衛の父は御徒士目付を務めている。与兵衛は寛文十年に家督を継ぎ、後に勘定方となり、廩米一五〇俵・月俸五口（扶持米一五〇俵・五人扶持）を給された。天和元年（一六八一）の朝鮮通信使来朝に際して駅路を巡察し、天和三年には上方における川普請の検分を務めた。貞享三年（一六八六）から元禄十四年まで各地の代官職を務め、宝永元年（一七〇四）には蔵奉行に任じられた。

福山代官の役所兼邸宅は、深津郡三吉《みよし》村に構えられ、「三吉陣屋」と称された。残念なことに、現在その跡は見る影もないが、唯一の関連遺構と伝えられている大井戸がひっそりと福山市三吉町南一丁目に遺存している。

三代官の業務分掌については、明らかでないものの、曲淵氏には一〇人、山木・宍倉両氏には各一一人の下役が付属していたとされ、代官を含めた合計三五人で行政が執り行われたという。ただし、三人の代官が三吉陣屋に常駐していたのではなく、実際のところは輪番制で対応がなされていたようである。天領の代官は通常一人であるが、改易直後という非常事態から、三人に代官職を任命するといった体制を採ったものと考えられる。

代官職の主務としては、①牢人対策、②廻村《かいそん》★の触書、③年貢収納の三点が挙げられよう。

牢人対策としては、代官三人の連名で、諸村に以前より居住している牢人が居

▼廻村
役人が村々を巡回すること。

三吉陣屋跡の大井戸

れば、庄屋と組頭の連判をもって、請け証文を提出すること、同じく水野家の牢人で帰農する場合は、庄屋と組頭の請け証文を提出すること、加えて鉄砲を所持している者は申し出るようにと、それぞれ通達している。

城の請取りが一段落すると、領内の廻村が行われた。そして、廻村に先立っては、一、代官らを出迎えるのは村境まででよい。一、代官の尋ねたことについては、包み隠すことなく答えること。一、昼食や宿泊の際には、供応をしてはいけない。また、代官らを迎えるにあたり、家の造作や畳替えなどをしてはいけない。一、路用の人・馬については、指図以外は出さなくてよい。一、代官の手代以下中間らへ音信・贈答をしてはいけない。一、代官らが必要とする物資は、相場通りに売って必ず代銀を受取り、また金銀米銭などを貸してはいけない。といった村役人らの心得を指示した六ヵ条の触書が九月十三日付で出されている。

言うまでもなく、代官の職務は領内の掌握と年貢収納の確保こそが第一である。そのため、領内に動揺を与えないよう、十分に留意された対応がなされた。貢租賦課に関しては、特に配慮がされ、基本的には水野時代を踏襲している。

そのような中、水野時代の方が幕領時代よりも高い年貢率であったにもかかわらず、「山木よりししくら（宍倉）鷲のつかみとり、まかりふち（曲淵）にそし（沈）つむ百姓」という落首《らくしゅ》が残されている。そこには、水野時代への慕情に加えて、当該期に実施された検地★に対する強い批判を垣間見ることができよう。

▼検地
文字通り土地を検定することであり、土地の境界を明らかにし、それを丈量して田畑や屋敷地の反別を定め、年貢高や諸役を算定するために行われたものである。六尺三寸（約一九一センチメートル）の検地尺を基準に、その四方を一歩とし、三〇歩＝一畝、一〇畝＝一段（＝三〇〇歩）、一〇段＝一町とした。そして、田畑を上（一石五斗）・中（一石三斗）・下（一石一斗）・下々（九斗）の四等級に分けて把握し、その石盛（一段当たりの標準生産高）に、面積を掛け算して石高を算定した。さらに、一地一作人の原則をもって、年貢負担者である作人が検地帳に明記された。

既往の検地と元禄検地

水野氏の改易を機に、幕命によって元禄十二年（一六九九）備前国岡山藩（池田氏）によって検地が実施された。いわゆる「元禄検地《げんろくけんち》」と呼ばれるものである。ちなみに、元禄以前に実施された当地域の検地は以下の通りである。

①毛利氏による検地で、天正十九年（一五九一）・同二十年と慶長三年（一五九八）から同五年の二度にわたって実施された。これは豊臣秀吉の命によって行われたものである。

②福島氏による検地で、入国早々の慶長六年に、重臣の大崎玄蕃や間島美作に命じて実施された。

③水野氏による検地で、正保二年（一六四五）から天和二年（一六八二）にかけて実施された。これは幕府に対して非公式な検地で、「地詰《じづめ》」と呼ばれる略式の検地であった。入封以来行われた大規模な灌漑池や干拓地の開発に伴って、生産力が増大したことにより、「坪《ならし》地詰」★や「坪新開地詰」を必要としたために行われたものである。

幕府では寛文期から延宝期（一六六一～一六八一）にかけて大規模な天領の検地を実施しており、福山領の検地もそれに準じて行われたようである。

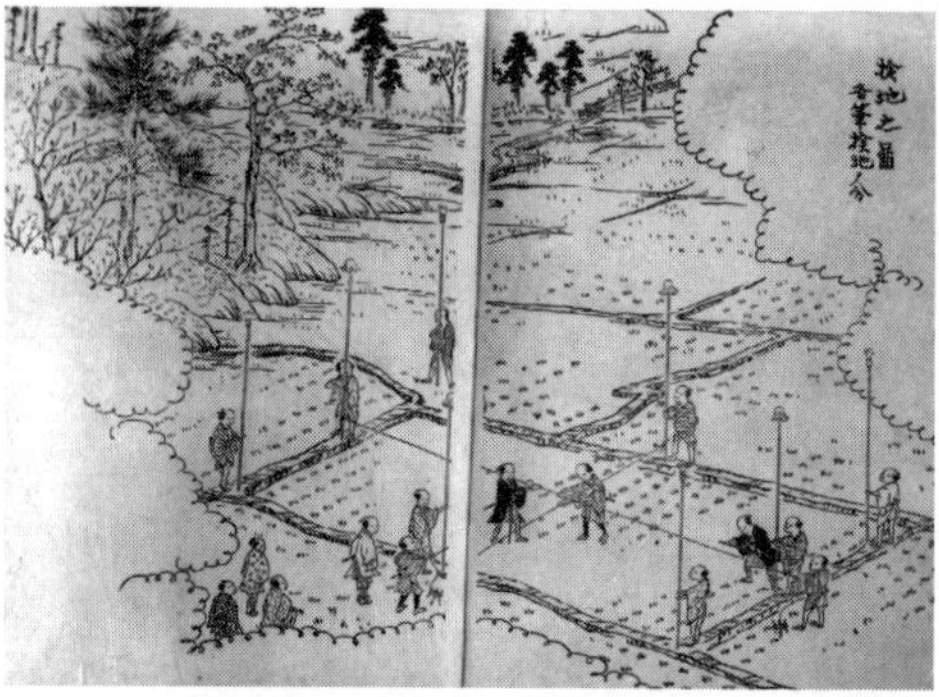

検地之図（松本市立博物館蔵）

▼坪地詰
村内で年貢の負担が偏らないように、土地の区分けを再設定して平均化すること。

実施にあたって、同年正月に老中戸田忠昌《とだただまさ》は、勘定奉行の荻原重秀《おぎわらしげひで》を通じて、岡山藩に対し、福山領検地の実施については、幕命により元禄七・八年に播磨国姫路藩が行った備中国松山藩の検地を先例とし、検地詰役人らの経験を参考にすること。検地組手を多くし、検地期間を短縮するよう心掛けて、年内には完了すること。また、幕府勘定方に福山検地の専任掛りを設けるので、諸事この掛り役(一月末に勘定組頭杉岡弥太郎・福山代官山木与惣左衛門の両名を任命し、杉岡は江戸で、山木は現地福山でそれぞれ執務)と十分に談合した上で、実施するよう指示している。

福山領検地条目

検地条目《けんちじょうもく》を下付された岡山藩では早速、姫路藩から「備中松山領御検地御条目窺扣帳《ひかえ》」などを借覧して、条目内容や検地実施上の諸注意を聴取した後、二月九日に検地諸役人の編成を行った。

検地惣奉行には藩家老池田長喬《ながたか》、元締めには上坂蔵人《うえさかくらんど》・津田左源太(永忠)、大横目には薄田兵右衛門、勘定頭には安田孫七郎、検地奉行には今井勘左衛門《かんざえもん》・荒尾猪兵衛・伴安左衛門・湯浅六右衛門・武田左平太・森川助左衛門らをそれぞれ任命し、総勢二四一二人が動員されることとなった。三月下旬には備前国上《じょう》道《とう》郡門田村の山畑で、検地諸役人による検地竿《けんちざお》入れの稽古が開始された。

一方、福山代官は検地対象である深津《ふかつ》・沼隈《ぬまくま》・安那《やすな》・品治《ほんじ》・芦田《あしだ》・甲奴《こうぬ》・神石《じんせき》・小田《おだ》・後月《しつき》の九郡で、検地役人と村々百姓の間にあって、検地案内人として検地遂行のために重要な役割を果たす諸村の庄屋や百姓ら二〇〇〇人を福山城下へ呼び寄せ、一人一人の誓詞《せいし》を受け取った。さらに、山木代官の配慮により、事前に福山領の庄屋二三人が事前に検地案内のため岡山へ赴き、元締めらより饗応を受ける中で、福山領内の様子を申し伝えている。そして、岡山藩でも検地実施が迫る中で、検地諸役人から起請文《きしょうもん》・神文《しんもん》を取り、検地実施中における福山領での心得を示すとともに、検地に要する諸道具、宿割り手形、総奉行以下検地役人の着衣の下げ渡しなどの諸準備を四月下旬までにはすべて整えられた。

今回の検地では、「福山城下之町並鞆町在方同事ニ検地入申候」と町方の検地を命じるとともに、『福山領検地条目』においては、池沼・野原・山林、および「堤並用水之井筋等ニ成候場所」、「堂・宮・藪・散在野・稲干場・土取場或は廟所・古境・死馬捨場所」、空き地・永荒場など、すべてにわたって検地を実施し、田畑や屋敷地の本年貢★をはじめ、百姓持林の山年貢、百姓持藪の藪年貢、野山の野山銭地、さらに小物成場、そのほかにも年貢徴収が見込まれる場所には可能な限り吟味を行って石高を確定し、朱印地・寺社領は除地《じょち》として、水帳（検地帳）の末尾部分に町歩の数値を書き付けるという方針が示された。また、田畑の石盛《こくもり》については、取箇（年貢）五ヵ年平均を基準にして、従来の上・中・下の三等級

▼本年貢
土地に賦課された租税のうちに検地によって石高が示された田畑や屋敷地に課税されたもの。本途物成ともいう。

を基本としながらも、新たに吟味した上で田畑の「能所《のうしょ》（よきところ）」は上々田・藺田・麻田・上々畑・麻畑・茶畑とし、「悪所《あくしょ》（あしきところ）」は下々田・山田・砂田・谷田・下々畑・山畠・焼畠・砂畠など土地の実情に応じて決定していくことを指示している。

以上のように、本検地では領内のあらゆる土地が対象となり、課税の範囲も広くかつ綿密になされ、年貢対象の拡大と田畑・屋敷地の面積と石高確定の細分化が図られた。そうした背景には、農業生産の発展に対応して、新たに農村を把握し直し、財政的基礎を強化する目的があったものと考えられる。

「中用（中庸）」の趣旨

さて、幕命により実施された福山領内の検地であるが、岡山藩では検地の心構えとして、「中用《ちゅうよう》（中庸）★」を用いることを重要視していたことが注目される。

要するに、この場合の趣旨は、福山の領民が痛まないように、幕府のために宜しきように、新領主のために、岡山藩主（池田綱政）の功名が残るように、そして本検地のすべての関係者に納得がいくようにするということであった。

では、何故こうした対応を取らざるを得なかったのであろうか。実はその背景には、先例である姫路藩による備中国松山領検地の影響があった。姫路藩は幕府が示した検地条目に則って検地を実施した結果、古検地高の五万石から新検地高

▼**中用（中庸）**
『広辞苑』によれば、中庸とは「かたよらず常に変わらないこと。不偏不倚で過不及のないこと。中正の道。尋常の人。凡庸。アリストテレスの徳論の中心概念。過大と過小との両極の正しい中間を知見によって定めることで、その結果、徳として卓越する」こととある。

八万石となり、六〇パーセントにもおよぶ打ち出しが行われた。それは当然、領民にとっては甚だ悪評であり、領内は殺伐とした空気に包まれることとなった。まさに、岡山藩にとっては隣国でのことでもあり、そうした状況を十分に承知した上で、此度の福山領検地に臨んだであろうことは想像に難くない。

福山領における「検地始め」は、五月二十七日に深津郡川口《かわぐち》村にて行われた。そこから、検地竿先組は四〇組に分かれて、九郡二四三ヵ村を順次丈量していった。検地開始より四ヵ月後の九月末には地方検地を終えて、十月上旬には山藪《さんそう》・寺社改めも終わり、幕府へ検地終了を報告するとともに、検地役人らは岡山へと帰藩していった。

検地帳の作成

その後、岡山藩では四種類の「備後国福山御領御検地石盛窺帳」を作成し、池田靫負《ゆげい》・上坂蔵人・津田左源太の連名で幕府へ提出した。その内容は、福山領内の村々を村柄によって、上々・上・中・下・下々の五等級に分け、田畑・屋敷の位付けにしたがって石盛りを付して、郡単位に集計したものであった。

総集計では石高・反別の新古を比較して、増加分を記し、その総高に対して検地実施の責任者の意見を具申するというものであった。四種類では総高・免

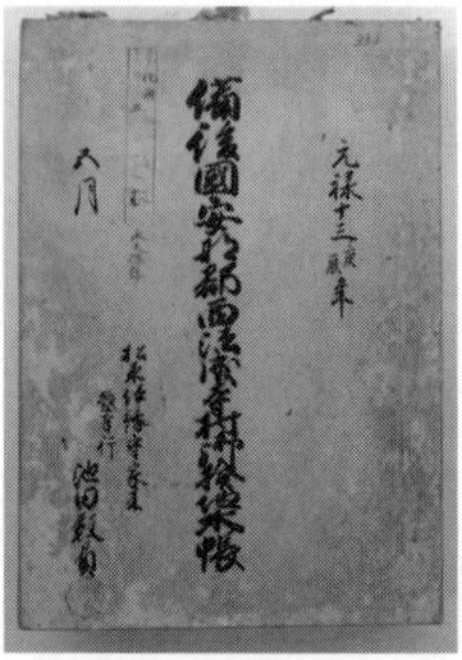

備後国安那郡西法成寺村御検地水帳
（福山城博物館蔵）

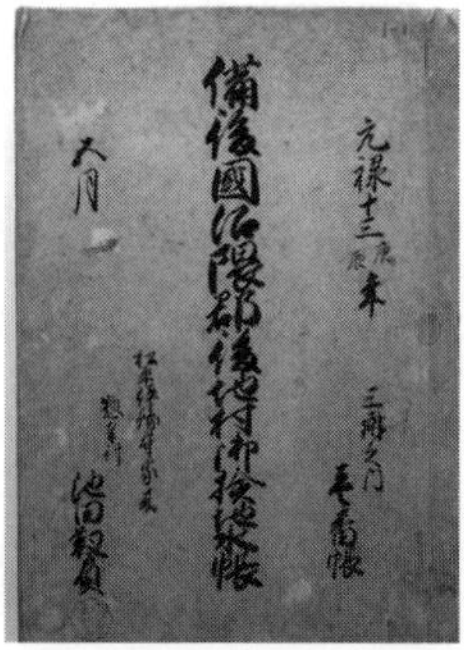

備後国沼隈郡後地村御検地水帳
（福山城博物館蔵）

相、石盛積がそれぞれ異なっており、①総高十六万九千三百四十七石九斗四升六合（免相三ツ八一二：年貢率三八・一二パーセント）、②総高十五万五十二石三合（免相四ツ三二余：年貢率四三・〇二パーセント）、③総高十四万七千石百九十五石二斗五升五合（免相四ツ三八六余：年貢率四三・八六パーセント）、④総高十四万四千五石八斗五升七合（免相四ツ四八三：年貢率四四・八三パーセント）というものであった。

その上で、岡山藩では「中庸」の趣旨を考慮した結果、総高十四万四千石余が妥当であると上申した。にもかかわらず、幕府は総高十五万余石（十五万九千五百四十五余反）を採用し、検地総高として決定した。古検地高（水野地詰）では石高十三万五千石余で、反別は十五万四二〇九反余であった。その結果、新検地（元禄検地）により、石高一万四千八百石余（一〇・九パーセント）、反別では五三〇〇余反歩（三・四パーセント）の打出しとなったのである。

かくして、岡山藩では元禄十三年（一七〇〇）三月に「検地高辻目録」を幕府へ差し出し、五月末にはその浄書を終えた。そして、六月四日から七日の四日間で、福山領における九郡の百姓一三九六人と、鞆の町人二一人を岡山まで呼び寄せ、検地帳の末尾に捺印させた。その後、それぞれ二部の検地帳を作成し、一部は福山代官へ、もう一部は各村へと引き渡され、一年半及んだ検地が終了した。

ところで、古検地（水野地詰）と新検地（元禄検地）を比較すると、面積については、新涯《しんがい》の造成によって沿岸部の増加率が高いものの、石高については内陸部の

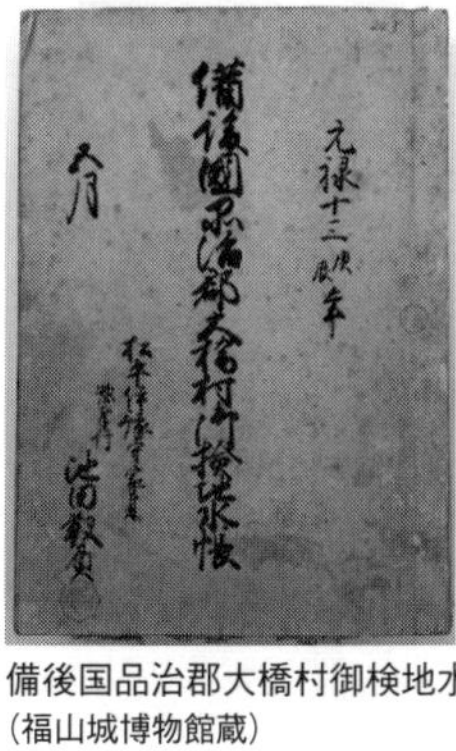

備後国品治郡大橋村御検地水帳
（福山城博物館蔵）

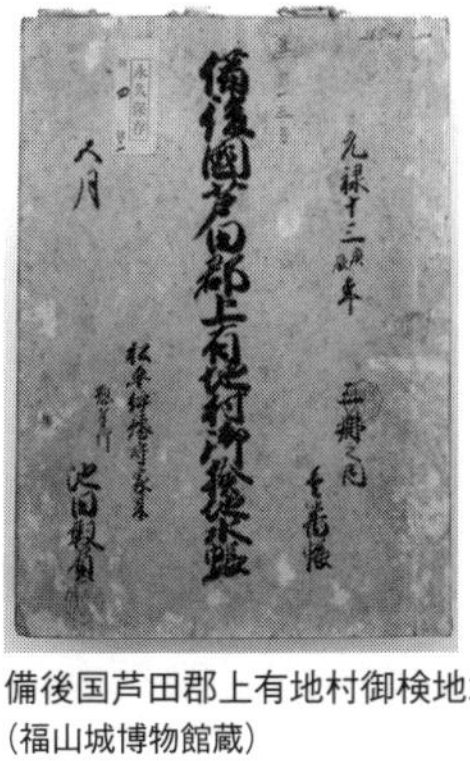

備後国芦田郡上有地村御検地水帳
（福山城博物館蔵）

増加率が高いことが認められる。それは内陸部で生産が盛行した漆・桑・楮《こうぞ》・茶などの商業的畑作物の評価によるものであった。

元禄検地以後、領主が松平氏から阿部氏へと交代し、また享保二年（一七一七）に天領の一部であった神石郡を中心に豊前国中津藩（奥平氏）の飛領となったにもかかわらず、福山領内における総検地は廃藩に至るまで一度も実施されることはなかった。ただし、元禄検地後の土地の増加分については、享保二年、宝暦十年（一七六〇）、安永三年（一七七四）、寛政六年（一七九四）、文化十二年（一八一五）に新田畑の検地が実施され、同時に「新田畑縄帳」・「新屋敷斗代上帳」・「新屋敷縄帳」が作成され、元禄期に把握された本高にそれぞれ増加分（新田畑高）が加えられて貢租が徴収された。そういった点で、元禄検地は福山藩にとって大きな出来事で、その後の藩政にも甚大な影響を与えたと捉えることができよう。

代官支配の終焉

元禄十三年（一七〇〇）出羽国山形より、新たに松平忠雅が十万石で入封することが決定し、城在番であった京極氏の名代・千田数馬は帰藩した。

ところで、検地の結果、打出しとなった五万石余は、新たに幕府領とされることとなった。このうち、備中国後月《しつき》・小田両郡の一万一千四百六十四石は笠岡陣屋付となり、備後国安那《やすな》郡一〇ヵ村（五千五百八十二石余）と神石《じんせき》郡三七ヵ村（二万一千九百五十一石余）と甲奴《こうぬ》郡二四ヵ村（一万一千六十三石余）の計約三万八千五百三十六石は甲奴郡上下《じょうげ》村に置かれた陣屋の支配するところとなった。笠岡には備中国倉敷代官所の出張《でばり》陣屋、上下には石見国大森代官所の出張陣屋がそれぞれ置かれ、山木与惣左衛門は備中国笠岡の代官、曲淵市郎右衛門は備後国上下の代官となり、それぞれ赴任した。

なお、旧福山領の北部地域においては、その後も目まぐるしく領主が変遷していくので、参考までに記しておく。享保二年（一七一七）上下陣屋が支配するうちの二万石余が豊前国中津領（奥平氏）の飛領となったことを契機に、残りの安那郡八ヵ村と神石郡五ヵ村の約五千石は笠岡陣屋付となり、神石郡一〇ヵ村（五千九百六十二石余）と甲奴郡一二ヵ村（七千百八十石余）は上下陣屋付となった。また、嘉永三年（一八五〇）には、備中国川上郡一二ヵ村と後月郡二ヵ村が加わる。

しかし、嘉永六年に阿部正弘が一万石の加増を受けた際、笠岡陣屋付の安那郡八ヵ村と神石郡五ヵ村、上下陣屋付の神石郡九ヵ村と後月郡二ヵ村（二年後に川上郡二ヵ村と入替）が福山領分となったことで、備後国内における笠岡陣屋付の領分がなくなり、甲奴郡一二ヵ村と神石郡一ヵ村、備中国川上郡一二ヵ村（安政二年以降、川上村郡一〇ヵ村、後月郡二ヵ村）が上下陣屋付として幕末まで続いた。

天領上下代官所跡

② 中継ぎ大名・松平忠雅

約三年の代官支配を経て、新領主となったのが松平忠雅である。その治政はわずか十年足らずであったが、入封直前には元禄検地という大きな出来事があったことからも、代官支配を含めて福山藩中期（転換・過渡期）と評価することができよう。

松平氏の系譜

新藩主となった松平忠雅《まつだいらただまさ》（一六六三〜一七四六）の治世は、元禄十三年（一七〇〇）から宝永七年（一七一〇）までで、福山を退去するまでを含めると十一年八ヵ月間におよんだ。

松平（奥平）氏★は、三河譜代の名門で松平忠明《ただあきら》を家祖とする。忠明は天正十一年（一五八三）三河国新城で奥平信昌《おくだいらのぶまさ》の四男として、母は徳川家康の娘亀姫《かめひめ》で、家康の外孫として生まれた。六歳で家康の養子となって松平の姓を受け、文禄元年（一五九二）に兄家治《いえはる》が亡くなった後、上野国に七千石の地を給せられた。関ヶ原の戦い後は、伊勢国亀山五万石を領していたが、さらに大坂の陣での戦功により十万石を領して大坂城を預かった。その後、大和国郡山へ移るが、寛永十六

▼松平氏
元々の姓が奥平なので、奥平松平家とも呼ばれる。

年（一六三九）には播磨国姫路十八万石の太守となった。忠明は家康の外孫、かつ三河譜代の名門という立場であったが、秀忠や家光の側近となることもなく、幕閣でも枢要の地位に就くことはなかった。正保元年（一六四四）に六十二歳で死去した。

忠明の跡を継いだ忠弘《ただひろ》は、大和国郡山で寛永八年に生まれた。父の遺領のうち三万石を弟の清道《きよみち》に分地したため、十五万石となった。その後、幕命により出羽国山形・下野国宇都宮・陸奥国白河と転封を重ねた。

元禄五年（一六九二）に起こった「白河騒動★」の廉《かど》によって五万石を減封され、閉門を命じられる始末となった。間もなくして罪一等減じられて逼塞《ひっそく》となり、再び出羽国山形十万石に移封となった。同年末には致仕《ちし》して、その跡を嫡孫の忠雅に譲って、元禄十三年に七十歳で死去した。

忠雅の入封

忠雅は天和三年（一六八三）に白河で生まれた。元禄五年（一六九二）に忠弘の嫡子清照《きよてる》が病弱であったため、十歳の若さで襲封した。元禄九年下総守に叙任され、元禄十三年正月十一日付で、山形から福山への転封を命じられた。けれども、福山領内は検地中であったため、検地の終了後に拝領知が決定するまで、福山へ

▼白河騒動
松平忠弘の後継者をめぐって家臣が婿派（忠尚）と孫派（忠雅）に二分した御家騒動。

白河城

松平忠雅肖像画
（個人蔵　行田市郷土博物館寄託）

の入封は遅れた。

拝領知が決定すると、九月頃より追々引っ越しが行われたようで、幕府使節使《つかい》番《ばん》一色頼母《たのも》と同小姓頭高木貞右衛門の両名が十月二十八日に福山城の引き渡しを終えて帰府し、その旨を幕府に言上している。

大名の転封にあたっては、城中はもとより家中屋敷の隅々まで綺麗に整頓して引き渡すこととなっていたが、松平氏の入封時には水野氏改易後すでに数年の時が経過しており、その間に家中屋敷は当初町人に預けられ、次いで郡中から夫役を課して、辻々に矢来《やらい》★を設けて番にあたらせていたというが、元禄十二年四月に城下で大火が発生し、また長く空き家であったこともあり、再び家中屋敷として整備される間、家臣達はしばらく城下の町家や近在の村々に分宿することとなった。藩主忠雅が福山入りしたのは、さらに遅く宝永六年（一七〇九）になってからのことであった。

先に触れたように、松平氏に与えられた朱印高は十万石であり、水野家遺領のうち幕府領の両陣屋（上下陣屋・笠岡陣屋）分を引いたものであった。そこで注視すべき点は、水野氏が入封した際の十万石の朱印高と同じ十万石でありながらも、旧領北部の領分を大きく失ったことで、水野時代と比較して、実情として石高が三分の二に減少したことである。そのため、当初から財政的にかなり厳しいものがあり、そうした状況は続く阿部氏にも引き継がれることとなる。

▼矢来
竹や丸太を組んだ仮囲い。

▼分郡
［深津分郡］
川口村・多治米村・野上村・野上新涯村・本庄村・木之庄村・坂田村・中津原村・森脇村・上岩成村・下岩成村
［沼隈分郡］
加屋村・津之郷村・山手村・郷分村・佐波村・神島村・草戸村・水谷村・田尻村・原村・鞆町・平村・走島村・田島村・百島村・横島村

なお、安那郡が福山領と幕府領とに分割されたことにより、深津郡の西部一一ヵ村と沼隈郡の東部一六ヵ村とを割いて、二七ヵ村から構成される「分郡《わけ》★」と称する一郡が新たに設けられた。その事由としては、一郡内の村数と石高の均等を計るためとされている。また、分郡に編入された諸村の多くが芦田川流域に所在していることからも、治水事業といった河川の氾濫などによる夫役の負担といった側面があったものと考えられている。

ただし、分郡とはあくまで領内のみの私的な呼び方であって、地方文書をはじめ諸史料にも分郡が使用されているが、対外的・公的にはあくまで深津郡・沼隈郡と称した。また、そうした状況は続く阿部氏にも踏襲された。ちなみに、福山藩士宮原直倁《みやはらなおゆき》（一七〇二〜一七七六）が著した地誌『備陽六郡志《びようろくぐんし》』の六郡とは、深《ふか》津《つ》・品治《ほんじ》・安那《やすな》・芦田《あしだ》・沼隈《ぬまくま》・分《わけ》の諸郡を指している。

松平氏の治政

松平氏による治政は、わずか十年足らずという期間に加え、藩主の在国期間も一年程に過ぎなかったこともあってか、その間に大きな政治的な動きはほとんど認められない。そうしたことも考慮して、福山藩における松平氏については、水野氏から阿部氏へと藩主が変遷していく間の中継ぎとして、ここでは位置付けて

『備陽六郡志』
（一般財団法人 義倉蔵）

宮原直倁の墓（一心寺）

おきたい。

入封後、直ぐに各村から差出帳《さしだしちょう》の提出を命じているが、その内容についても明らかでない。しかしながら、郡方役人に水野家牢人で、それも元郡方役人であった者、例えば、水野時代の代官職を務めた牧村八兵衛・豊田九郎右衛門・当《あたり》与《よ》次《じ》右《え》衛門《もん》らを召し抱えて、その任にあたらせている。こうしたことから、松平氏は領内統治にあたっては、水野時代の先例を基本的には踏襲しようとしたことがうかがい知られる。実際、貢租関係についても、その種類・賦課・収納方法などの多くが水野時代における制度を踏襲している。

その他、当該期で注目すべきことといえば、林野制度の確立であろう。水野時代の林野制度は明らかでないが、宝永元年（一七〇四）林野に関する厳しい触書が出されている。藩有の立山・入会の野山・私有の運上山・藪を明確に区分し、それぞれ入山、および下刈りや立木の伐採などに関して利用規則を定めるとともに、伐採にする際には届け出て、許可を受ける必要があった。さらに、それらを周知徹底させるため、村一同の「銘々手形取置」くように命じている。

松平氏は度重なる転封に加え、先述したように、入封に際して大幅な領地の削減もあり、当初から財政困難であった。そのため、入封翌年には早くも藩札《はんさつ》（銀札）の一匁札、七分札、五分札、三分札、二分札を発行している。ところが、宝永四年幕府は藩札発行と通用を全面的に禁止する命令を出したため、諸藩は大き

松平（奥平）家家紋

な打撃を受けた。当地域における状況は明らかでないが、その混乱ぶりは同様であったものと推察される。

そうした中、宝永五年十二月には京都御所の普請手伝いを命じられ、鞆町内に対して二〇〇〇両の御用金を申し付けている。鞆では六月に一〇〇〇両を大坂で借用し、七月に五〇〇両を上納したものの、残りの五〇〇両については免除の嘆願書を提出している。

ここでは紹介だけに留めるが、松平氏の藩治機構については、宝永二年の奥書がみられる「松平氏下総守家中分限記」があり、そこからおおよその家臣団の構成、職制をうかがい知ることができる。分限帳《ぶげんちょう》には勤役衆（役付きの者）・平士・足軽と大きく三つに分けられ、合計一七六七人が記載されている。

さらに、宝永七年閏《うるう》八月十五日になると、今度は伊勢国桑名への転封を命じられた。しかしたまたま、閏八月は「物成（年貢）収納の時分」に相当したため、老中秋元喬知《あきもとたかとも》の判断によって、現在の領地で収納を行った上で、郷村受け渡しは冬から来春にかけて双方都合の良い時に済ませばよいとされた。そうしたこともあり、実際に福山城を引き渡したのは、翌年の宝永八年三月二十八日のことであった。

これも福山

歴史的港湾施設の五点セット

福山市中心部から約一五キロメートルの距離にある鞆《とも》の浦《うら》（以下、鞆）は、現在でも中世の骨格を引き継ぎながら江戸時代に整えられた地割が認められる。

国の重要文化財に指定されている「太田《おおた》家《け》住宅《じゅうたく》」を代表として、江戸時代から昭和三十年代までに建てられた町家や土蔵、「沼名前《ぬなくま》神社」や「安国寺」をはじめとした神社仏閣といった歴史的建造物や、石垣などの石造物が数多く遺されている。また、江戸時代後期から明治期の港湾施設が良好に遺存する国内唯一の港町として知られている。鞆に現存する港湾施設としては、①雁木《がんぎ》、②常夜燈、③焚場《たでば》、④船番所（遠見番所）、⑤波止《はと》の五点セットがある。

①潮位に左右されることなく、船を着岸できる石階段の護岸である。文化八年（一八一一）に造営されて以降も補修がなされ、近年も大規模な改修工事が行われている。

②灯台の役割を果たすとともに、鞆港のシンボル的な構造物でもある。高さ五・五メートル（基礎石三・六メートル）の規模を誇り、安政六年（一八五九）に造られた。

③木造船に付着した貝類・海藻やフナムシを除去するために、船底を焼いて乾燥させる場所のことである。それを「焚《た》でる」といい、そこでは船の修理も行われた。通常は見ることはできないが、大潮の干潮時には広範囲にわたって石敷きがみられ、広島県教育委員会によって発掘調査が行われている。

④港を出入りする船を監視した建物である。現在では石垣のみが遺存し、上部の建物は後世に建てられたものである。

鞆の常夜燈と雁木

⑤防波堤のことで、大可島《たいがしま》から延びる波止と玉津島《たまつしま》の波止の二ヵ所がある。前者は文化文政・年間（一八〇四〜一八三〇）、後者は弘化四年（一八四七）にそれぞれ築造された。前者については、一部の事業が明治期に引き継がれた。

以上のような、瀬戸内の港町としての歴史的風致を形成するエリアを「福山市鞆町伝統的建造物群保存地区」とし、平成二十九年（二〇一七）十一月二十八日には国の重要伝統的建造物群保存地区に選定された。また、鞆の浦周辺は大正十四年（一九二五）に名勝・鞆公園の指定を受け、さらに昭和六年（一九三一）に制定された「国立公園法」として、最初に国立公園に指定された地区の一つである(瀬戸内海国立公園)。

近年では、『瀬戸の夕凪が包む国内随一の近世港町〜セピア色の港町に日常が溶け込む鞆の浦〜』のタイトルで、平成三十年五月二十四日「日本遺産（Japan Heritage）」に認定された。これを機会に、鞆の歴史的魅力のさらなる発信に期待したい。

第四章 幕閣を輩出した阿部氏

幕府の要職を歴任した阿部氏による領国経営。

旧内藤家長屋門（市重文）

1 藩政の動揺―財政難と相次ぐ一揆・災害

宝永七年（一七一〇）から廃藩置県までの阿部氏十代わたる約百六十年間の藩政は、慢性的な財政難に加えて、一揆や災害に見舞われるなどの対応の中で、領国経営が推進された。そうしたことから、阿部時代を福山藩後期（再建・変動期）と評価することができよう。

阿部氏の系譜

松平氏に代わり新たに入封した阿部《あべ》氏は、藤原氏の道兼《みちかね》★流と伝えるが、その来歴は不明である。阿部氏は三河以来の名門譜代で、『寛永諸家系図伝』では正《まさ》勝《かつ》を家祖とする。

正勝は天文十年（一五四一）三河国で生まれ、幼少期から徳川家康に仕え、特に家康がまだ竹千代と呼ばれていた頃に織田氏や今川氏へ人質として送られていた際の従者の一人であった。永禄元年（一五五八）には五千石を領し、家康が苦心して鎮圧した三河一向一揆では一族結束して一揆勢と戦った。天正十三年（一五八五）には一千石に加増され、旗大将となった。その後、天正十八年家康の関東移封に伴い、武蔵国足立郡鳩谷《はとがや》において新たに五千石を領した。また、慶長

▼藤原道兼
九六一〜九九五。平安時代中期の公卿。藤原兼家の三男。長徳元年（九九五）に兄道隆の死により待望の関白となるが、そのわずか数日後に病死した。そのため「七日関白」と称せられる。

三年（一五九八）には大坂城西ノ丸の留守居を務めるなど、徳川家臣団における地位を築き、慶長五年、六十歳で生涯を閉じた。法名を玉雲という。

余談ながら、正勝の死後は嫡男の正次《まさつぐ》が跡を継いだが、次男の忠吉《ただよし》は分家した。その長男は武蔵国忍《おし》城主となり、江戸幕府初期の職名で若年寄の前身とされる六人衆の一人となった忠秋《ただあき》である。また、三男の正興《まさおき》は尾張藩主の徳川義直《よしなお》★に仕えた。

正次は永禄十二年、三河国で生まれる。父正勝と同じく家康に仕え、関東移封に従って近侍の列に加えられた後、下総《しもうさ》国で千三百石を領した。

慶長五年、父の遺領を継ぎ、相模国高座《こうざ》郡一宮で五千石が加増され、一万石の譜代大名となった。その後も、鹿沼《かぬま》・大多喜《おおたき》・小田原・岩槻《いわつき》と転封する度に加増を重ね、ついには一代で八万六千石を領する大名にまで成長した。その間にも、書院番頭《しょいんばんがしら》、大番頭《おおばんがしら》、老中、大坂城代といった幕府要職を歴任し、将軍の信任を得た。正保四年（一六四七）大坂城にて七十九歳で死去した。

その跡を継いだ重次《しげつぐ》は、慶長三年、正次の次男として武蔵国で生まれた。兄の政澄《まさずみ》が早世したため嗣子《しし》となり、将軍家光の小姓組番頭から六人衆の一人となり、一万三千石を領した。父の死後、その遺領を継いで九万九千石の大名となり、老中を務めるなど、幕閣において重きをなした。そして、慶安四年（一六五一）四月二十日に家光が亡くなると、武蔵国岩槻藩主で老中の重次は、下総国佐倉藩主

▼**徳川義直**
一六〇一～一六五〇。徳川家康の九男。尾張徳川家の藩祖。

大坂城天守

で元老中の堀田正盛《ほったまさもり》や下野国鹿沼藩主で小姓組番頭・御側出頭の内田正信《うちだまさのぶ》、三枝守恵《さえぐさもりしげ》（元御書院番頭）、奥山安重《おくやまやすしげ》（小十人頭）といった家光側近の忠臣とともに殉死した。齢五十四歳であった。さらに、重次の殉死に伴って、その家臣である新井頼母・山岡主馬・小高隼之助・鈴木佐五右衛門・村片某の五人が追腹を切っている。なお、東京都台東区上野公園の現龍院墓地内には「殉死之墓」があり、奥山安重以外の四人の墓とその家臣八人の墓が所在している。

重次の死後、その跡を継いだ定高《さだたか》が二十五歳で夭逝すると、嗣子である正邦《まさくに》はわずか二歳ということで、一時的に定高の弟である正春《まさはる》が遺領を継ぐこととなった。寛文十一年（一六七一）正邦が十四歳になると、正式に家督を継いだ。しかしながら、正邦が若年ということもあってか、父祖のように幕閣のポストに就くことはなく、相次ぐ転封に追われた。天和元年（一六八一）の武蔵国岩槻から丹波国宮津への転封に始まり、元禄十年（一六九七）には下野国宇都宮へ移り、そして宝永七年（一七一〇）八月十五日に備後国福山への転封を命じられたのである。正邦は五十三歳であった。

殉死之墓（東叡山寛永寺 現龍院）

阿部氏の入封

転封を命ぜられた正邦は、直ぐに家老（内藤角右衛門・内藤次郎右衛門）や城番

（三浦宮内《くない》）以下、用人・番頭・旗頭・町奉行・郡奉行・寺社方・大目付など、三十数人を先発させて、福山城を請け取らせた。しかし、実際に引き渡しが完了したのは、翌年の宝永八年（一七一一）三月二十八日であった。一方で阿部氏入封の報が福山へもたらされると、町年寄（扇屋弥兵衛）と宿老《しゅくろう》（三河屋弥右衛門）らは直ちに宇都宮へ参上し、国替えの祝儀を申し上げると同時に、先発隊である内藤次郎右衛門の所へも、鞆惣代宿老（堺屋久兵衛・大坂屋与兵衛）が干鯛一〇枚・樽一荷を祝儀として持参している。そして、正邦は正徳元年（一七一一）七月二十二日に福山へ御国入りを果たした。その際には鞆町中惣代として、道越《みちごえ》町宿老堺屋久兵衛が備中矢掛《やかげ》宿まで、鞆惣代江浦《えのうら》町宿老吉田屋治郎兵衛と鍛冶町宿老鉄砲屋七郎左衛門が奈良津辺りまで一行を出迎えている。

急な所替えにより、その対応に領主はもちろんのこと、迎え入れる領民側にとっても、騒然した様相であったであろうことは、容易に想像できよう。

「差出帳」と「請け書」の提出

宝永八年（一七一一）四月、正邦は治政の開始にあたって、まず領国の実態を把握するために諸村へ「差出帳《さしだしちょう》」★を提出させた。同年十月には郡奉行中山太右衛門・作原数右衛門、宗門奉行内藤作左衛門・後藤新八に命じて、寺社の由緒書を

阿部家家紋

▼差出帳
差出帳には、各村の石高・畝高・田の品等・石盛・小物成・給米・山・藪・戸口・牛馬数・道橋・池溝樋・寺社・木綿などの商品作物・水野家牢人やキリシタンの居住の有無・鉄砲の数量が記載され、運上銀・用捨引け・検見の仕方・年貢の納め方・宗門改め・出火の時の対応・旅人病人の処置・五人組といった諸制度や、前代からの慣行を把握することができる。

提出させている。そして、より支配を徹底するために、各村から村民の連署になる「請け書《うけしょ》」★を提出させていることも見逃せない。その他、正徳元年（一七一一）九月、家老連署の定書《さだめがき》と、郡奉行より村々へ「在々条目」が下された。

家老連署の定書では、幕府法令の順守や宗門改めなど、支配に関する大綱が示され、在々条目では三五ヵ条にわたって、牢人・山伏《やまぶし》のこと、家中・又もの（陪臣）へ慮外をしないこと、他領との関係・喧嘩・出火・盗難・追放・欠落・鉄砲のことといった治安に関することを中心に、その他に田畑永代売買・分地・竹木の無断伐採といった禁止や、荒地を起し返した地所は直ちに申出ること、年貢皆済以前の米穀販売の禁止などが含まれている。

注目すべきは、随所に「庄屋《しょうや》五人組《ごにんぐみ》迄為二越度《おちど》一」という文言が繰り返して用いられており、相互監視と縁座制といった村落内の自治機構を重視していることがみてとれる。なお、阿部氏の前任地である宇都宮が内陸部で臨海地域ではなかったことから、当初は浦方への申し渡しは行われなかったようであるが、直ぐに浦方制も踏襲し、宝永八年四月には船奉行も新設された。

次いで、正徳二年には年貢の納め方についての請け書を提出させた。そこには、米こしらえに念を入れ、小米・青米・ぬか・もみ・石砂が混じらぬようにし、縄・俵ともに粗末にせず、また福山蔵に搬入のとき無礼なことのないように、道中も随分気を付けるようにと、細かな注意を促している。

▼請け書
請け書には、庄屋・組頭・釣頭、以下村民すべてに署名捺印をさせており、村民相互の連帯責任を利用しつつ、権力の浸透を図っていることが一目瞭然である。

さらに、貢租体系の一環として、正徳三年に三八項目からなる「村入用《むらにゅうよう》取扱規定」を申し渡し、村役人の不正防止、経費の節約、貢租納入の安定化が図られ、翌年には村役人や百姓の非違を監察するため郡目付《こおりめつけ》が新設された。

また、宝永七年（一七一〇）閏八月には「升改め」を実施した。商売用の升をすべて田部市兵衛・猪原藤九郎の改めを受けさせ、村中で所持の升を役所へ差出させ、商人で升を持っていない者には、新たに「御定之升」を交付し、改めを受けていない升の使用を禁じ、一礼を差出させている。

石見銀山御手当

譜代大名であった阿部氏は、水野氏や松平氏と同じく、西国周辺の幕府領の治安維持の役儀を仰せつかっていた。正徳元年（一七一一）には、幕府より「石見銀山御手当」を任じられた。福山藩における石見銀山御手当は、天和二年（一六八二）、水野勝種《かつたね》が浜田藩主松平康官《やすのり》とともに任ぜられたことを嚆矢とする。もしも、銀山領内で一揆が発生した場合には、船奉行を控え一の手として雑兵六五〇人程を派遣し、それでも不足ならば、二の手として五〇〇人を派遣することになっていたとされる。そのため、阿部氏はしばしば銀山領へ隠密を遣わして、絶えず様子を見張らせていたという。なお、延享三年（一七四六）正福《まさよし》が大坂城代《おおさかじょうだい》

石見銀山絵図（福山城博物館蔵）

に就任した後、石見銀山御手当は免じられた。

転封を経て、慌ただしく治政の土台を築いた正邦は、その矢先の正徳五年（一七一五）一月二十七日江戸において不帰の客となった。「長生院殿尋誉耀海踞岸」と諡《おくりな》し、浅草西福寺に葬られた。

阿部氏十代

こうして以後、廃藩置県に至るまで阿部氏十代にわたる治政が続くこととなる。福山藩における阿部氏の歴代藩主は、次頁の下表の通りである。

ここで阿部氏と幕閣について整理しておくと、二代藩主の正福《まさよし》の大坂城代就任を契機として、七代藩主の正弘《まさひろ》に至る六代の間に、幕閣の重職を歴任して、幕政を与かっている。六代藩主の正寧《まさやす》が病弱のため、短期間（天保二年から同五年）奏《そう》者番《じゃばん》を務めた他は、三代藩主の正右《まさすけ》・四代藩主の正倫《まさとも》・五代藩主の正精《まさきよ》、そして七代藩主の正弘の四人が幕閣の頂点である老中の地位まで昇り詰めている。

注目すべきことに、これら四人は正右の京都所司代《きょうとしょしだい》就任を唯一の例外として、あとはすべて同じコースを辿っている。つまり、藩主を襲封した後、数年してまずは奏者番に取り立てられ、それから二、三年を経て寺社奉行《じしゃぶぎょう》を兼帯し、それを無事に務め上げた後、老中に任ぜられるという出世街道を歩んでいる。

阿部正福肖像画
（福山市歴史資料室蔵）

阿部正精肖像画
（福山市歴史資料室蔵）

阿部正寧肖像画
（福山市歴史資料室蔵）

当然のことではあるが、これら幕閣の在職中は江戸定府《じょうふ》となるため、おのずと藩政に関する親裁は難しく、御国入りすることもほとんど不可能な状態であった。そこで藩政は城代家老以下、国元の家臣らに委ねざるを得なかったことこそが、当該期における阿部氏による藩政の大きな特質であったといえる。

逼迫する藩財政

閑話休題。既述したように、阿部時代も先の松平氏と同じく当初から財政的に厳しく、藩政上の重要課題であった。しかも、藩主が幕閣を務めたことで江戸定府を常としたため、江戸詰めの御家中は約九〇〇人にもおよび、その生活費を中心に膨大な支出を要したので、慢性的な赤字財政であった。それに加えて、当該期には度重なる災害や凶荒に見舞われ、その対策も喫緊の課題であった。

周知のように、江戸時代後半期は、石高制（米本位経済）から貨幣経済（商品経済）へと社会が大きく転換し、村落社会で金融の展開や階層分化（地主と小作）が進展するなど、まさに社会構造そのものが大きく変わろうとしていた。このような中、阿部氏にとって何よりも重要な政治的課題は

福山藩主阿部氏と治世期間

	藩主名	治世期間
1	阿部正邦（1658～1715）	宝永7年（1710）から正徳5年（1715）までの5年5カ月間
2	阿部正福（1700～1769）	正徳5年（1715）から寛延元年（1748）までの33年8カ月間
3	阿部正右（1724～1769）	寛延元年（1748）から明和6年（1769）までの20年9カ月間
4	阿部正倫（1746～1805）	明和6年（1769）から享和3年（1803）までの34年2カ月間
5	阿部正精（1774～1826）	享和3年（1803）から文政9年（1826）までの22年9カ間
6	阿部正寧（1809～1870）	文政9年（1826）から天保7年（1836）までの10年8カ月間
7	阿部正弘（1819～1857）	天保7年（1836）から安政4年（1857）までの20年6カ月間
8	阿部正教（1839～1861）	安政4年（1857）から文久元年（1861）までの3年2カ月間
9	阿部正方（1848～1867）	文久元年（1861）から慶応4年（1868）までの7年1カ月間
10	阿部正桓（1851～1914）	慶応4年（1868）から明治2年（1869）までの1年間

藩の財政再建であった。その治政下において、政策や方針といったソフトウェアに関しては、基本的には水野氏・松平氏以来のものを踏襲していく一方で、宿駅や海駅の整備といったハードウェアに関しては、独自に取り組むとともに、水野期に実施された各種インフラストラクチャーのメンテナンス事業も直面する課題となっていた。そうした点を踏まえ、阿部氏による約百六十年にわたる藩政期を、本書では福山藩の後期（再建・変動期）と位置付けておきたい。

財政再建の諸対策

阿部氏の治政下、特に当該期に度重なって起こった百姓一揆と、同じく頻繁に見舞われた災害を交えながらみていこう。どちらの被害も極めて大きく、深刻な経済・社会問題を引き起こし、藩の屋台骨を揺るがすものであった。

既述したように、阿部氏の財政基盤は十万石に対して、藩主が江戸定府を常としたために、藩財政の窮乏化は著しいものがあった。そうした状況の中、第五代藩主の正精《まさきよ》によって、財政再建に向けた諸政策が打ち出された。

正精は、先代である父正倫《まさとも》の致仕《ちし》を受けて襲封《しゅうほう》すると、正倫が着手した財政再建を継承し、経費削減と負債償還（借銀返済）を目指して特定の豪商・豪農に便宜を図り、藩財政に寄与させ、鞆港の整備に力を入れた。しかし、一〇万両を超えるといわれる負債は利子を返済するのがやっとのことで、所詮は焼け石に水であり、財政の健全化には程遠いのが正直なところであった。
逼迫した藩財政に対して、藩が直近で行え得る方策としては、貢租収取の強化とその増徴、そして家臣に対する知行借り上げであった。

阿部氏は入封後、松平時代の免を約二分引き上げて恒常化したが、天井川である芦田川の氾濫や土砂災害などにより、川欠引き★・地損引き★などの引き高が約一万石にも及ぶという状況で、現実的に増徴は不可能で、むしろ安定化を図るということが重要であった。知行借り上げも、すでに入国以来ほぼ恒常化しており、天明期（一七八一～一七八九）の「阿部御家分限記録帳」によると、知行は半知《はんち》★で、切米・扶持米は七割渡しとなっている。すなわち、貢租の増徴、および家中よりの借り上げ、いずれもが限界に達していたのである。

そこで、着目したのが商品経済の進展であり、それに伴う新しい徴収システムであった。運上★や冥加銀《みょうがぎん》★などの増徴は勿論のこと、藩専売制の実施によって藩が流通を独占して、その利潤の徴収を図ることも積極的に行われた。なお、天明五年（一七八五）には綿役所を設置し、実綿・繰綿《くりわた》に対する全面的な藩専売制を実施するが、天明六・七年（一七八六・八七）における百姓一揆の要求によって、専売制は撤回させられている。

さらに、藩は藩札《はんさつ》の濫発など藩財政の応急処置を講じたが、それは一層藩財政

▼**川欠引き**
河川の氾濫によって田畑が荒廃したときにされる免租。

▼**地損引き**
災害などで田畑が荒廃したときにされる免租。

▼**半知**
財政難を救う方法として、領主が家臣の知行・俸禄を半分に減じたこと。

▼**運上**
商工業などに従事する者に課された雑税（営業税）。

▼**冥加銀**
神仏の加護を冥加といい、その礼銭を冥加銭といった。営業を許可された商工業者から利益の一部を献金などの形式で上納させたもの。

を破綻に導いていくこととなった。阿部氏は、幕府が藩札発行を許可した享保十五年（一七三〇）に銀札を直ちに発行して以後、寛延元年（一七四八）、宝暦二年（一七五二）、宝暦六年、明和元年（一七六四）、明和七年、天明二年、寛政三年（一七九一）と、矢継ぎ早に新銀札の切替えを行っている。けれども、結局は濫発により藩札の信用は低下し、その通用にも混乱が生じて、正金銀との兌換《だかん》（交換）も極めて困難であったものと考えられる。

御用商人との関係

また、藩債の調達も行われ、諸藩と同じく上方商人の大名貸しに頼るところが大であった。藩は大坂に蔵屋敷を置き、藩の蔵米を二万石ほど大坂に送って払い米にしており、その蔵元《くらもと》・掛屋《かけや》を務めたのは、明和以降についてみると、藩札元（発行元）を務めた「大坂五軒屋」と呼ばれた油屋吉兵衛・泉屋佐七・助松屋与兵衛・米屋惣兵衛・明石屋庄右衛門の中から選ばれていたものと思われる。

藩債は領内においても調達された。財政上の不足を補うために町人や百姓らに対して臨時に上納を命じた金銀、いわゆる「御用銀（後に御口入銀）」というかたちで、町や郡中《ぐんちゅう》へ高割★にして調達した。

安永五年（一七七六）、第四代藩主の阿部正倫《まさとも》は、将軍徳川家治《いえはる》の日光社参供奉《ぐぶ》

▼高割
石高に応じて年貢・諸役や村入用などを割り当てること。

を命ぜられ、御用銀の調達を国元に申し送った。その際、正倫は百姓騒動におよんでも構わないので、何としてでも調達するよう書簡で督励している。その甲斐があってか、今回は城下および領内の商人らからの調達で、何とか乗り切った。

また、天保八年（一八三七）、江戸城西ノ丸が焼失した時、藩は金二万両を幕府に差し出すこととなった。その際も、領内の御用達《ごようたし》商人らから調達を行うとともに、郡中に割り付けて資金を確保している。

本来、御用銀とは返済することが建前のものであったが、財政窮乏の慢性化した当該期では、返済はほとんど行われなくなっていた。領内一円にわたって賦課される場合もあったが、強制することは百姓騒動にもおよびかねないので、結局は有力商人らがまとまって引き受け、事実上の献金として取り扱われたので、結局は藩との癒着が横行し、有力商人の政治的利権を強めていくこととなった。

御用銀が事実上献銀として行われるようになったため、改めて藩の借入銀として行われたものとして、御口入銀《ごくにゅうぎん》（調達銀・借上銀）があった。また、御用銀とよく似た性格のものに、幕府要職への就任に際し、領内からの自発的な祝儀として差し上げる建前の寸志米というものもあった。

御口入銀の一種に「上下銀」があった。甲奴郡上下《じょうげ》村は、幕領大森銀山の出張番所が置かれていた所で、その出先機関では、在所の有力商人に依託して、その産出銀（上下銀）をもって金融を営業させていた。そこで、藩内の諸村では年

「千代田之御表　日光神社」（国立国会図書館蔵）

貢皆済に苦悩した際には、村借としてこれを借り受けるものが多く見受けられた。また、藩も宝暦〜安永（一七五一〜一七八一）の期間に、上下銀を多額に借用し、安永末年にはこの返済で苦慮する事態にまでなる。

その他、藩の保証である「役方裏判」を富裕商人層に与えて、村方借用を許可した裏判銀制度★があった。

享保二年と宝暦三年の百姓一揆

享保二年（一七一七）、二代藩主の正福《まさよし》が襲封した三年目の十一月中旬、品治郡《ほんじ》宮内村《みやうち》の源右衛門らは、城下へ出向き貢租減免などを記した願書を藩へ提出した。十二月五日、これに同調した芦田《あしだ》・品治両郡の農民は生活困窮を理由に蜂起した。

百姓らは大挙して、藩有林の伐採や、各家々へ乱入して打ちこわしを行いつつ、城下近くの奈良津《ならづ》付近まで押し寄せた。藩では直ぐに大目付以下、代官に足軽二十人余を引率させて現場へ出張し、一揆勢を慰撫し、年貢・夫役の賦課・納入に関する要求を盛り込んだ一揆側の願書を受理するとともに、本年の年貢米のうち二千石を「御救」として貸与することを申し渡した。年貢の減免ではなく、少量の貸与というであったが、藩の対応を受け入れ、一揆勢は一時的に解散した。

▼裏判銀制度
その内容や経緯については、明らかでないものの、藩が年貢未進を防止するために、領内の御用達商人を中心とした富裕商人層を利用したもので、年貢確保のためには手段を選ばないという姿勢が、そこには在り在りとみてとることができる。

しかし、その後の藩の対応に納得できず、年末になって再び騒ぎ出した。そうした事態に、藩としても百姓側の要求を遂に受け入れざる得なくなり、享保三年正月二十五日、藩は百姓側の要求に対して村々の個別的事情によるものを除いた一五ヵ条の「覚」を公表した。と同時に、四ヵ条の「覚」を百姓に示し、一揆の首謀者の詮議も不問に付することを明らかにした。

ここでの回答は、その後も長らく慣行として実施されることとなり、今回の一揆は百姓側の勝利で幕を閉じた。その結果、藩は銀一〇〇〇貫目の減収となってしまった。そのためか、一揆勢が解散した直後、藩は一揆勃発の職責として、郡奉行三人・代官三人を直ちに罷免している。

次いで、宝暦三年（一七五三）にも百姓一揆が起きている。福山では、宝暦年間に旱魃《かんばつ》、長雨、飢饉、風水害などの天災に見舞われた。そうした中にあっても、藩は年貢減免などの処置は施さず、三代藩主の正右《まさすけ》が宝暦二年四月に二十九歳で奏者番《そうじゃばん》に任じられると、翌年二月には郡中へ石高割りで二五〇貫、福山城下と鞆町で一〇〇貫の御用銀を賦課した。

それに対し、同月二十八日の夜に百姓たちは騒ぎ出し、まずは品治郡北部の加茂谷の奥の山に籠って烽火《のろし》を上げた。これを合図に寺々の早鐘を突き鳴らしながら、新市村《しんいち》天王川原《てんのうがわら》へ参集して気勢を上げ、総勢二万人余で芦田郡府中《ふちゅう》を襲い、さらに反転して神辺《かんなべ》を中心とした領内の東部地域を荒らし回った。これに連動して、沼隈郡《ぬまくま》でも蜂起し、各村庄屋をはじめ、月番庄屋宅をことごとく襲っていった。藩の対応といえば、完全に出遅れてしまい、一揆側の後手を踏んだ。

二日に藩が農民側の要求を「願之通ニ仰せつけらるる」ことを声明したことで、一揆勢は引揚げを開始し、翌日になって漸く領内は無事平穏に帰した。また、四日に藩は郡奉行小倉清兵衛・座間十郎左衛門・井上八左衛門の三人、および郡代官高橋仁兵衛・川村藤右衛門・櫓崎文助の三人に対し、閉門を申し付けるとともに、一揆慰撫の功績のあった大目付内田源左衛門に対しては「御上下・御腰物(刀)」を下賜している。十四日には郡中百姓惣代を召し出し、寛延三年(一七五〇)正月に出された幕府の一揆弾圧令に照らして叱責《しっせき》し、一揆首謀者の逮捕が厳命された。そして一揆首謀者として、深津(分)郡下岩成村《しもいわなり》の百姓安十・同村の友七の二人を捕らえ、十二月十一日に城下で打首・獄門の仕置に処した。今回の一揆は、幕閣の奏者番を務めていた藩主正右の体面を保つためにも、厳しい処置で終結を迎えることとなった。

明和七年の百姓一揆

次いで、明和七年(一七七〇)にも百姓一揆が起きている。三代藩主の正右《まさすけ》は、京都所司代から老中へと幕閣の要職に就いたが、明和六年七月十二日、老中在任のまま四十六歳で死去した。その跡は、第三子の正倫《まさとも》が継ぐこととなった。

正倫は窮迫した藩財政を再建するため、叔父の安藤主馬定振《さだあつ》を登用し、江戸・福山御勝手御用掛りに任じて事にあたらせた。けれども、福山では明和六年秋に凶作に見舞われ、多くの困窮者を出していた。こうした事態は一揆へ発展する可能性を孕んでいただけに、正倫は大いに心を痛め、その対策を事細かに国元へ指示を出していた。しかし、翌春には飢餓人も出る始末となり、さらには長雨と旱《かん》天《てん》が続くといった天候不順で、領内各地で雨乞いが行われたものの、効験はみられず、綿・稲ともに不作で、旱損は石高にして約六万石余におよんだという。

八月中旬、安那《やすな》郡川南《かわみなみ》村で百姓が集まり、凶年のため小作料の免除と借銀の年内返済延期などを願い出ようと協議がなされ、深津《ふかつ》郡千田《せんだ》村・安那郡川北《かわきた》村でも同様の会合が持たれていた。八月二十四日、安那郡下竹田《しもたけだ》村付近を中心として、藩内東北部で一揆が起るとたちまち全藩に波及した。

藩は一揆に対して、二十七日にはとりあえず借銀などの十五年賦返済を認め、また綿運上銀も引き下げることを布告するとともに、二十八日には未だ郡中で暴れている一揆勢の鎮圧に乗り出し、多くの参加者を召し捕らえて、入牢もしくは庄屋預けに処した。そして、国元での処置の報告に接した藩主正倫は、一揆勢の要求のうちで、藩にとって大きな打撃とならないものだけを受理するよう指示した。その一方で、一揆首謀者に対しては「近来公儀よりも御書付出し、百姓共之義先達て領分へも相触れ」た明和四年から同六年にかけて出された幕府の一揆弾圧法令を踏まえ、かつ宝暦三年（一七五三）の一揆の先例に倣って厳しく対処することとした。

それを受けて、九月二十二日に郡代官は各郡へ出張して、先の一揆に際しての百姓側の願書に対し、「六郡村々願箇条申渡覚」として正式に回答し、一部の要求を認めた。一揆の最終的な結末については、安永元年（一七七二）の正倫の初入国まで持ち越された。正倫は入城後、直ちに藩政上の綱紀を粛正するとともに、倹約を下命した。また、一揆の際に国元の責任者であった年寄新居頼母に蟄居を命じ、大目付郡代官鶴岡三郎右衛門の役儀を免じて閉門に処した。翌年二月、安那郡下竹田村庄屋の定藤《さだとう》仙助、同村の北川六右衛門を一揆の頭取として打首・獄門とし、定藤家は闕所《けっしょ》★追放、同郡下御領《しもごりょう》村の渡辺好右衛門《こうえもん》を諜書・諜判の罪名で打首・獄門の刑に処して、本一揆の決着を付けた。

天明六・七年の百姓一揆

天明六年（一七八六）から七年にかけては、藩政史上最大の一揆、いわゆる「天明の大一揆」が起きている。

先述したように、四代藩主の正倫《まさとも》は襲封した矢先、一揆に見舞われたことで、

▼闕所
財産没収。

定藤仙助の墓

北川六右衛門の墓

財政再建への意志を示すものの、安永三年（一七七四）幕府奏者番に任ぜられ、次いで同六年、寺社奉行見習、さらに同八年、寺社奉行へと矢継ぎ早に昇進していく中、その意に反して藩府の財政支出は増大していった。

天明期に入ると、藩は本格的な財政再建に乗り出した。まずは大坂や城下の商人、および在郷の富裕な御用達商人と結託して、新たな藩札による正銀獲得のための流通統制、綿役所の新設を中核とした木綿専売制を強力に推し進めていった。さらに、大坂・城下などの御用商人から多額の藩債を行うとともに、石見銀山の算出銀を取り扱う天領の上下《じょうげ》からの借銀（いわゆる「上下銀」）などの未払の負債を強引に処理していった。

一方で、農民に対しては強引な貢租の徴収、新規の賦課、裏判銀制度や石代納制度を用いた高利貸的方法をもって徴収を図るなどの政策を強行していった。そうした一連の政策を強行に推し進めた藩の中心人物こそが、遠藤弁蔵《えんどうべんぞう》であった。

遠藤弁蔵は軽輩から身を起こし、安永年中（一七七五年頃）に在目付として正倫に認められて以降、急速に出世していった。天明頃の「阿部家御分限記録帳」をみると、役職は取締役で、御元方奉行・御吟味役・御普請奉行・御運上改兼役となって、勘定方関係の要職をすべて兼帯するといった立場にあり、天明六年には「惣郡之御用惣掛、惣まとひ」という臨時の職に就き、財政の実権を完全に牛耳るまでとなった。遠藤は権勢を振う一方、藩における諸政策の実施を通して、

好右衛門義挙碑（備後国分寺）

天明年間の藩財政を「すこしハ御心もやすかりや」という状況にまで回復させたことで、正倫の信任を一層と深めていった。

ところで、藩が財政再建に向けて諸政策を進めていった天明年間は、全国的に天候が不順で凶作が続いていた。福山においても、虫害と降雨によって甚大な被害を受け、藩は七月一日から三日までの三夜、備後《びんご》一宮《いちのみや》である吉備津神社において止雨の祈禱を実施したものの、その効験もなく、稲作・木綿作ともに大凶作となった。こうした厳しい状況にもかかわらず、百姓らへは年貢などの取り立ては厳しく行われた。挙句の果てには、その未進の累積がただ増すばかりで、百姓たちは追い詰められるところまで追い詰められ、まさに窮鼠猫を嚙むといった状況であった。

かくして、十二月十五日頃には領内は不穏な空気に包まれつつあった。その日の夜半には領内北西部の品治郡・芦田郡付近から、梵鐘や竹法螺などを鳴らしながら、遠藤弁蔵の苛政の非を挙げて一斉に蜂起した。一揆勢は日を追うごとに、「百姓勢相増し、御領分内を誘い立て、村々の庄屋方へ相廻り、飯を喰う」といった騒ぎとなり、事態は拡大・深刻化していった。

さらに、一揆勢は遠藤弁蔵に「百姓を致させ、六・七月頃に御米上納致させ見たし」と気勢を上げて、その勢いはなかなか収まらなかった。

二十日になって、一揆の主勢力が安那郡徳田《とくだ》村の庄屋宅に集結し、そこに藩の

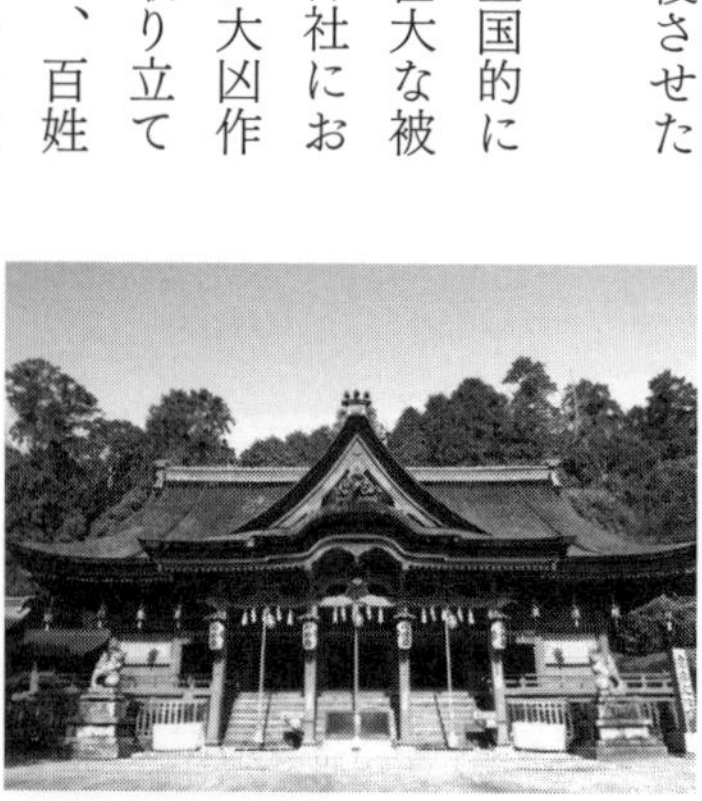

備後一宮 吉備津神社
（尾多賀晴悟写真提供）

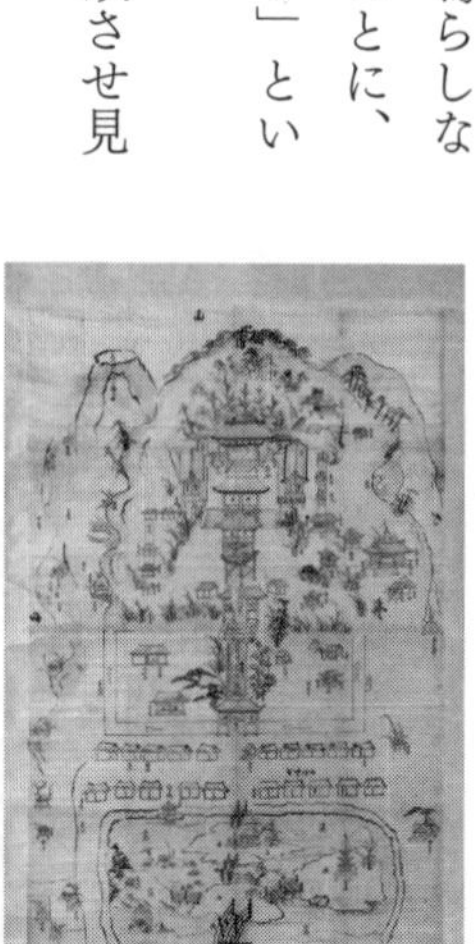

備後一宮　吉備津神社古絵図
（備後一宮　吉備津神社蔵）

大目付・物頭が出張して交渉が行われた。一揆勢は初めてこの場で正式に百姓側の三〇ヵ条にわたる要求を記した書付を藩へ提出した。

一揆勢の願書を受理した藩の役人は、在京中の藩主への取次を約束するとともに、夫食米《ふじきまい》として稗《ひえ》六千石の購入代銀の下付を直ちに実施した。こうした藩の処置を信頼したのか、一揆勢はおおむね居村に引き揚げていった。

藩主正倫の対応

全藩を揺るがした大一揆の状況は、江戸在府の正倫《まさとも》へ逐一報告がなされ、指示が出されていたことは、複数の「阿部正倫書状」からもうかがい知ることができる。しかし、携帯電話やインターネットが通信手段の主流である現代とは大きく異なり、やはり国元と江戸ではどうしてもタイムラグが生じてしまうことは否めない。そうした状況にあって、十分に現場を把握できないまま、事態は刻一刻と深刻化していった。

そもそも、正倫は国元で発生した今回の大一揆は、決して苛政によるものではなく、上下銀をめぐって藩から追放され、人身御供とされた御用達の佐藤新四郎や隅屋（藤野）宗次郎、福山出身で田沼意次《たぬまおきつぐ》の用人★であった三浦庄二の弟山本弁助らによる策動であろうと認識し、また当該期における全国的な百姓一揆の影響

▼用人
江戸時代の武家の職名で、主君に近侍して、主君の用向きを家中に伝達して、庶務を司った。

によるものだと見込んでいた。そして、正倫は国元の一揆鎮撫方針は逆に百姓を増長させるものとして、一揆の願意を取り上げないとする方針を申し渡した。

そうした藩主の意向を受け、一月十六日に「村々小面《こづら》之者江申渡之覚」として、藩は強硬な姿勢を示して、一揆勢の要求を全面的に拒否した。さらに二十六日を限り、特に安い冬値段によることを許すから、同日までに年貢を納入すべきことを指示し、前年末の鎮撫方針を藩自らが破るという始末となった。

当然、それに対して一揆側は抵抗を示し、松永《まつなが》・今津《いまづ》方面から再び一揆が勃発し、果てには「十万石残らず惣どうに罷出」た。勢い付いた一揆勢は、再び品治《ほんじ》郡の天王川原に集結し、そこから二手に分かれて、深津郡一円と芦田郡北部にまたがる藩領全域を前回とは比較にならぬほどの激しさで暴れ回り、特に藩と結託した庄屋や特権的商人層をターゲットに打ちこわしをしていった。

一揆再発の報を受けた正倫は、漸く事の重大さに気付き始め、鎮撫する手段として、遠藤弁蔵一人を「取り計いあしく」との理由で、「百姓共のたんのふいたし候様、厳敷」申し付ければ、との決意を固めるに至った。

二月六日になると、一揆勢は神辺《かんなべ》に集結し、その代表数十人が備前国岡山藩へ願書を差し上げると号して出発し、これを国境の備中国高屋《たかや》村まで一揆勢数万人が見送った。そして、代表者を送り出した一揆勢は、二十日頃まで藩領諸方面で暴徒と化した。代表者による岡山藩への越訴《おっそ》★決行は、直ちに江戸表へ注進される

▼**越訴**
正規の手続きを経ないで訴え、または願いでること。

こととなり、ついに正倫は遠藤弁蔵に役儀召放・差控えを命ずる一方、事態の収束にあたっては、百姓側の要求を願いの通り受け入れることを決め、江戸大目付服部半助を国元へ派遣し、事態の処理を命じた。

けれども、藩は藩主の意に対して忖度するかたちで、百姓側の要求を逐条ごとに回答し、三〇項目のうち一〇項目は却下した。がしかし、一揆側による突き上げは激しく、結局のところ数項目は追認された。

一揆の事後処理として、藩は一揆の頭取ら七十余人を逮捕し、入牢を申し付けていたものの、天明七年（一七八七）三月七日に正倫が待望の老中に就任したことで、その恩赦として全員を釈放した。つまり、今回の大一揆では、誰一人罰せられることはなく、完全に一揆側の勝利に帰すこととなったのである。

さて、今回の大一揆を組織的・計画的に主導した事実上の指導者（頭取）といわれ、藩との交渉に行った人物として、安那郡徳田村庄屋の徳永徳右衛門（義質）が知られている。徳永徳右衛門は、一揆終結後の三月十五日程なくして死去している。享年三十七歳であった。現在、その墓は神辺町徳田に所在する寶泉寺にあり、「天明之義民」として手厚く顕彰されている。

その後、藩の地方役人を厳しく処罰し、領内の庄屋一三人と組頭一〇人を免職に付すとともに、追い込み・村預けなどの処置を命じている。また、一揆発生の張本人であった遠藤弁蔵は、一揆が激化する中で、免職から差控え★、さらに吟味

徳永徳右衛門の墓（寶泉寺）

「天明之義民」の顕彰碑

▼差控え
自宅謹慎。

取調と藩の責任を一身に背を負わされ、「指籠《さしこ》」に押し込められて監禁され、寛政二年（一七九〇）七月二十二日に失意のまま死去した。

国元の大一揆と引き換えにして、悲願の老中に就任した正倫は、天明八年、病を理由にその職を辞している。わずか十一ヵ月の在職であった。

ところで、全藩を大きく揺るがした天明の大一揆を題材にして、その後『安部《あべ》野童子問《のどうじもん》』★という一揆物語が作成されている。その成立時期は、天明七年の自序が入っていることから、一揆収束の直後に書かれたとみられる。

なお、その後も一揆には至らないものの、天保年間には未遂事件が起きている。

災害とその対策

江戸時代には、数多くの災害が各地で発生し、幕藩体制の基盤そのものを大きく揺るがしかねない深刻な問題を引き起こした。特に、享保・天明・天保の三大飢饉は広く知られている。一般的に災害には、風水害・冷害・霖雨《りんう》・旱魃・飢饉・地震といった自然的災害と、疫病・火災・戦乱といった社会的災害がある。

福山でも一揆だけでなく、災害と飢饉の危機に間断なく見舞われた。ちなみに、これまでに把握されている福山藩における災害・飢饉は一一五回で、このうち元禄期（一六八八～一七〇四）以前に発生しているのが一六回であることからも、そ

遠藤弁蔵の墓（龍興寺）
（園尾 裕写真提供）

▼『安部野童子問』
物語の冒頭において、著者である浪華城南隠士が鞆の保命酒を飲んで寝ている間に夢の中で安部野童子から授かった書ということになっている。安部野童子とは、福山藩主である阿部氏より名付けられたものであろう。作成者については、不明である。

のほとんどが江戸時代中期以降に発生していることがわかる。

水害は、ひとえに地勢によるものとはいえ、その中でも領内を大きく貫流する芦田川《あしだがわ》★の存在が大きかった。福山における都市経営とは、芦田川の治水であったといっても過言ではない。その他、芦田川の支流や沼隈郡内を流れる山南川《さんながわ》・今津川・藤井川といった小河川については、『福山志料《ふくやましりょう》』で触れられるところの「小澗細川」であって、その多くが天井川であった。したがって、大災害は起こらないにしても、旱天《かんてん》（日照り）であれば、直ぐに川床は干上がって旱魃となり、逆にまとまった降雨があれば、直ぐに川から水が溢れ出るという有様であった。

これに対して、藩や村では大いに悩んだが、特になす術もなく、天候不順となれば、早々に社寺に参詣し、神仏の加護を乞わざるを得なかったというのが現状であり、実際に領内の諸社寺には雨乞い、止雨、虫除け、風除け、五穀成就といった祈禱が藩から頻繁に仰せ付けられている。

芦田川の治水

さて、災害対策の中でも、藩が特に力を注いだのが、福山城下を流れる芦田川河口の治水事業であったことは先に触れた。洪水対策については、水野時代から重視されたことで、それは阿部時代になっても同様であった。

▼芦田川
広島県三原市大和町大字藏宗（標高五七〇メートル）に源を発し、世羅台地をおおむね東流して府中市へと流れ出て、神辺平野に入ってから南流に転じて福山平野を南下し、福山市街地の西側を流れて備後灘（瀬戸内海）へと注ぐ。流路延長は八六キロメートル、流域面積は八六〇平方キロメートルの備後地域を代表する大河である。途中の支流を合わせて、全流域は広島県東部、また一部は岡山県西部にまでおよぶ一級河川である。

年一回は藩の出費で「十五間口」と称する町々の悪水溝の大堀浚《さら》えが、月番宿《しゅく》老《ろう》やそれを補佐する釣頭《つりがしら》をはじめ、手代には特に溝番を命じて、町ごとに厳しく実施された。堀浚えが済むと、町方支配役・御勘定組頭・御徒士《おかち》目付・御普請奉行・同下役・十人目付といった藩の各役職の検閲を受けなければならなかった。さらに、流水の要所であった高崎《こうざき》堤の下の瀬掘りも、年ごとに町役所の指揮により、手代を人夫の惣纏《そうまと》い役としてこれにあたらせた。

もしも芦田川が増水した場合には、分流の要所であった本庄村の川が二股《ふたまた》に分かれた二股渡しに立てられた標柱を基に、その増水五寸ごとに村役人は藩に注進するといったシステムを構築していた。安永期（一七七二〜一七八一）の記録によれば、水嵩が一丈一尺（約三・三メートル）になると、元締め役御普請纏いが手空きの普請方下役を率いて出役し、次いで郡奉行の通達を受けた町奉行がそれぞれ組下、および町人足三〇〇人を率いて出役して指揮にあたった。

さらに、有事の際には人足銘々に空俵・縄・鍬・鎌の類を持参させた。水嵩が一丈一尺七寸になると、藩は御用人・元締め役・御密書役・御旗奉行・御者頭・御長柄奉行といった重役各一人をその配下ともども、会所に出頭待機させて、組下役人を決壊寸前の場所まで駆け付けさせた。なお、出勤にあたり弁当一食は各自持参で、もし時刻が長引けば、木之庄村・本庄村の庄屋に炊き出しを命じ、同村方より握飯を供出させた。また夜に入れば、松明《たいまつ》の用意をさせた。そして、い

芦田川（河口堰から上流）
（国土交通省 中国地方整備局 福山河川国道事務所写真提供）

よいよ水勢が増して高崎土手が決壊の危機に達した場合には、指図の上、本庄村の円照寺にて早鐘を突かせ、さらに城下西町の定福寺がそれを聞き継いで早鐘を突き、城内にまで知らせることとなっていた。そのため、両寺には平常からその心掛けの重要性が説かれていたという。

　幕末期になると、藩は重要決壊の箇所として、高崎・青木ヶ端・喜左衛門端の三ヵ所を重視し、それぞれに「立宿」なる詰所を設け、出水に際しては、水嵩一丈を危険水位として、月番宿老以下、釣頭・町人夫の出動を用意させた。水位が一丈一尺になると、「立宿」に詰め、昼夜十二時間交代で、昼は幟を立て、夜は高張提灯を掲げて、町奉行の直接指揮下に入れて警戒にあたらせた。以上のように、芦田川河口の洪水対策については、まさに挙藩体制で臨んだといえよう。

旱害と虫害

　また、農村における旱害や虫害による被災も甚大なるものであった。特に享保十七年（一七三二）秋、西国一帯を襲った「浮塵子《うんか》」★は、福山でも稲に実が入らず皆枯れてしまうといった被害を与えた。同年は畑作も不熟であって、翌年にかけて、穀類の価格が高騰し、銀札一匁につき白米五合、麦なら八合の相場にもかかわらず、米麦の売り手はなくなるといった深刻な事態となった。その間、わず

▼浮塵子
イネの害虫となる体長五ミリメートルほどの昆虫。

羽賀砂堰の石柱
（森脇八幡神社境内）

かに町の米屋において米麦三、四斗ばかりが売り出されたものの、一人あたり札二分以上は売らず、町場でも村方でも「銭持候者も渇死いたし」という有様で、多数の餓死者を山畑へ運んで埋葬したという未曽有の大飢饉となった。

　こうした事態に対して、藩は各郡の富裕者の米蔵を改め、米があれば強制的に買い上げて供出させた。しかし、そうした中で、幕府は譜代大名である福山藩をはじめ、その他一七藩に軍事用の城詰め米の放出を命じ、合計五万七千石の内、三万九千石を直接諸藩から最大の被災地である九州方面に輸送させた。つまり、自藩が厳しい状況にもかかわらず、幕命によって、救恤米《きゅうじゅつまい》（救援米）を領外へ放出せざるを得なかったのである。

　さらに、虫付きの被害としては、文政八年（一八二五）、嘉永二年（一八四九）が大きかった。『福山志料』によれば、これまでは蝗害《こうがい》で大した被害もみられなかったが、いつ頃からか蚕《かいこ》に虫が付き、その虫が綿花を喰い荒らしたりする被害が続出するようになり、文化年間（一八〇四～一八一八）に至ると、必ず毎年大小の被害を生じるようになったという。六月下旬には綿の虫を送ると称して、白き綿布を竹竿に結んだ上に竹葉を付けて、鼓鉦で囃子ながら田の間を巡り、村境で投げ棄てるという「虫送り」★の行事が、その頃盛んに行われるようになった。現在、福山地域に伝わる「はねおどり」は、水野勝成が領民の士気を鼓舞するものとして、大いに奨励したとされるが、本来は農村行事の「虫送り」や「雨乞い」

蔵王のはねおどり
（福山市文化振興課写真提供）

はねおどり（「風俗御問状答書」）
（重要文化財菅茶山関係資料　広島県立歴史博物館蔵・写真提供）

であったものであろう。

また、嘉永六年六月は旱魃となり、領内の河川や溜池が枯れ、渇水被害に見舞われた。同年九月には浮塵子も発生し、深津郡では大きな被害を受けた。『菅波《すがなみ》信道一代記《のぶみちいちだいき》★』には、家業の酒屋の様子だけでなく、当該期の事件や災害の様子が彩色の挿図を多く含んで伝えている。

地震と土砂災害

地震の記録としては、宝永四年（一七〇七）十月四日の昼頃のものが残っているが、幸いなことに死傷者はなかったようである。この他、天保六年（一八三五）二月十四日、安政元年（一八五四）十一月四日から十五日まで地震があり、特に五日の地震は大きく、深津郡役所や家屋の倒壊がみられたという。

先の『菅波信道一代記』によれば、播磨国加古川《かこがわ》、備中一円に大震があり、「当国（備後国）福山御城下内深津村人家いたみ多し、尤《もっとも》古き家甚《はなはだ》し、神村《かむら》にて田中お水《より》新に吹出し、下ハ川と成、其外所々其類多し」と記され、さらに上山南《かみさんな》村の藺苗《いなえ》高八十石程の土地が湧水し、また逆に飲水井戸が水枯れとなった被害のあったことも記している。その他に、大火の発生や疫病の流行といった災害も史料上で確認することができる。

▼虫送り
民俗学的に西日本の虫送りとしては、「サネモリサン」が一般的に知られている。平家の武将であった齋藤別当実盛の御霊（怨霊）が稲の株につまずいてしまったために敵に討たれてしまい、その恨みから稲の害虫となって作物を喰い荒らしているのだという伝説に由来するもので、サネモリサンの人形を村境へと子ども達が鉦や太鼓、法螺貝を鳴らしながら送っていく行事である。

▼『菅波信道一代記』
安那郡川北村の造り酒屋であった尾道屋菅波家十一代当主であった菅波信道（一七九二〜一八六八）が口述筆記して作成した自叙伝。

ところで、中国地方一帯の地質には花崗岩が広く分布している。花崗岩の特徴としては、通常は緻密で硬いことからも古くから石材として多用されている。しかし、節理と呼ばれる花崗岩表面の亀裂に水や空気が進入すると、長石や雲母などが粘土鉱物へ変化して「真砂土《まさ》」となる。風化した花崗岩は、掘削し易い反面、土砂災害の危険性も併せ持つこととなる。

広島県は平野部が狭小ということもあり、丘陵部や山塊部に宅地化が進んでいる。国土交通省が調査を行い、平成十年（一九九八）度と平成十四年度に公表している土砂災害危険箇所のデータによれば、広島県の「土砂災害危険個所等」は三万一九八七ヵ所あり、その数は全国第一位である。平成二十六年八月二十日に発生した広島市北部の安佐北区や安佐南区の住宅地で発生した大規模な土砂災害、また平成三十年七月に広島県内各地で土砂崩れなどの甚大な被害をもたらした豪雨災害は記憶に新しい。こうした状況は今に始まったことではなく、古くから日本列島に住み着いた我々の先人達も幾重となく経験しているということである。

そうした中で、江戸時代の福山では、砂留《すなどめ》と呼ばれる砂防ダムが盛んに造営されたことが判明している。現在、確認されているだけでも、数百基以上あり、未確認のものを含めれば、夥しい数の砂留が遺存しているものと思われる。まさに、これら砂留は土砂災害と奮闘した先人達の地域遺産といえるものである。

大水大変之図（『菅波信道一代記』）
（広島県重要文化財　個人蔵　広島県立歴史博物館寄託・写真提供）

別所10番砂留
（福山市文化振興課写真提供）

火災とその対策

火災の記録をみてみると、藩では人家の密集した城下町や鞆《とも》、また神辺《かんなべ》や府中市村などの宿場町で多く発生している。城下では、享保七年（一七二二）十二月二十六日の夜半に青木勘右衛門宅より出火し、船町の南側面を焼いた火の手は、折からの北風に煽られて、神島《かしま》町の中市・下市・上市と密集地帯を焼き、さらに奈良屋町・医者町・中町・新町、福徳町・大工町に広がり、入川南部の町をほとんど焼亡し、翌日の早朝になって漸く鎮火した。焼失家数は一一五九軒を数える「福山大火」として伝わっている。さらに、十二年後の享保十九年二月四日の夜、今度は入川の北部に火災が起こり、その焼失家数は一八九軒で、「福山大火」に劣らぬ被害をもたらした。鞆町でも寛延二年（一七四九）に町内二一六軒、原村分二八軒の家屋が焼失し、翌々年の宝暦元年（一七五一）にも一五〇軒が罹災する大火が起こっている。その他にも、芦田郡府中市および町続きの出口《でぐち》村、品治郡新市《しんいち》村といった人々の密集する町場や往還沿い、安那郡神辺や沼隈郡今津《いまづ》のような街道筋の宿駅では、その発生件数が目立っている。

火事による損害は測り難いため、藩もその対策に力を注ぎ、阿部時代には防火設備を拡充するとともに、宿老《しゅくろう》を中心に町の自治組織を利用して、城下の火消し制度が整備された。火消し人足として、①御手当人足、②火事場御目付様付き人足、③御手当駆付人足が組織され、町奉行の指揮下で消火を行った。原則として、惣門外にある吉津町・古吉備津町・長者町・道三町を除き、城下の防火体制は城下三〇町を南北に二分して行われた。南側の町で火災が発生すれば、北側の町の手当駆付人足が駆け付け、反対に北側の町で火災が発生すれば、南側の町の手当駆付人足が駆け付けるという巧妙な仕組みとなっていた。

出火の際には、城下の「時の鐘」や寺々の鐘が一斉に撞かれ、纏《まと》め宿老や人夫らは各自で手鉤や組の火消道具を持参して火事場へ急行し、消口に各組の札を立てた。この札は検分が済むまで外すことはできなかった。宿老は町奉行ら藩役人の出動を仰いで、火事羽織・踏込・宿老頭巾を着用して指揮にあたったが、人夫の働き具合も監視し、後日の報告にも備えた。無事に鎮火されると、火元となった家人は親類や知人宅で謹慎し、御上の御沙汰を待った。

一方、藩では役人を派遣して火事場の検分にあたった。また、藩は類焼宅に見舞いとして、家持には一戸につき銀札五〇匁を御下銀として遣わし、借家人には一人前米三合の相場をもって代銀を下げ渡した。

村方での出火の場合は、安政六年（一八五九）の「五人組箇条奥書」によれば、村中総出であたり、火元が年貢米を収納する郷蔵《ごうぐら》の近所でなければ、郷蔵に五、六人の人足を残して火元へ行かせ、もし郷蔵の近所が火元であれば、家財は焼け捨ててでも郷蔵を防ぐことを優先させ、米を焼かぬようにと指示している。

村方では十二月に入ると共同で夜回りを行い、もし出火を発見した場合には村中総出で消火にあたり、消火後には火元戸主から事情を聴き、その経緯を巻紙に口上書として代官に届けた。その際、放火ではなく失火であれば自火とし、類焼のない場合のみ、火元戸主は「お叱り」という軽い譴責《けんせき》処分を受けたが、他に類焼のあった場合は、自身の旦那寺《だんなでら》にて謹慎した。また、寺からも代官所に入寺謹慎している旨の口上書が申達されたが、その場合には七日間程の「押し込め★」が科せられ、火災の他におよぼした被害が大きかった場合には「押し込め」の期間が延長されるか、「手鎖★」などで厳しく処された。

▼押し込め
終日家の出入りを禁じ、家内で謹慎する刑。

▼手鎖
手錠を付けて家内で謹慎する刑。

模索する救恤

宝暦三年（一七五三）、幕府は凶年に際しての救恤《きゅうじゅつ》米に充てるため、高一万石に対して一〇〇〇俵ずつの籾《もみ》を囲い置くという「囲い籾」を諸藩に命じた。藩では、寛政九年（一七九七）まで囲い米として二千五百石を囲い、翌年の十二月二十二日には現米を籾五合摺の割合で引替えが行われ、幕府へ届け出ている。その他、藩では不作時分に米・麦・薩摩芋などの他所売を禁じるとともに、「米麦持合之等一村限り融通押平均」するよう穀類の所持者・不所持者を取り調べている。

ところで、当該期の農村では商品生産が進んだことにより、農民層の貧富の分化が急激に進行し、その上で相次ぐ凶荒不作で貧農層はますます没落していくといった状況にあった。そうした事情を憂慮してか、藩は文久二年（一八六二）千五百石を下げ渡し、それを基礎として六郡に対し、藩自らが災害・凶年飢饉の対策として社倉《しゃそう》★の設立に乗り出した。飢饉の際には、村内の富裕者層が力に応じて貧者へ「繋《つなぎ》」を出すこと、つまり救い米を出すことを手柄であるとして奨励し、いよいよ不可能となった際に、藩へ夫食《ぶじき》★を願い出るよう勧め、さらに御備え麦や義倉★もあるので、飢えている者を見逃してはならないと戒めている。

藩では社倉設立にあたって、「社倉法則」★を制定し、代官杉原藤十郎らに各郡の世話役年番庄屋層の了解を得た後、代官を廻村させて説得させ、村ごとで集会を開かせて、確認証文を提出させている。しかし、福山藩の社倉制度の実態はといえば、平常の困窮者の救済には効果がみられたものの、大規模な飢饉が発生した際には、ほとんど効果がなかったようである。

鞆では、一早く享保二十年（一七三五）十二月、困窮者救済を目的とした銀三〇貫の富籤《とみくじ》発行を計画している。また、延享四年（一七四七）正月六日に安国寺では、惣町五九〇人の飢人に毎日粥の炊出しを行うこととし、奉行所から御志米四石が供与されるだけでなく、町より米八石、銭一〇〇文が供出された。

府中市村《いち》では、宝暦六年（一七五六）三月、藩が村内の困窮者に「うえ扶持

▼社倉・義倉
飢饉や災害などの非常時に備えて米を貯蔵しておく倉のこと。

▼夫食
江戸時代における農民の食料のこと。

▼社倉法則
①社倉の積立は米・銀とし、五ヵ年間の趣法積立で行う。②吉備津明神を社倉守護神とし、まずは同社境内に社倉を建てる。③藩は御下げ米千五十石と御下げ銀五十貫目を初年度のみ下げ渡して、これを社倉金とする。④農民は高掛りにより年五百五十石を五ヵ年納め、これを基金に加える。⑤吉備津神社普請用の趣法米銀としていた百三十石と利銀四貫を普請もほぼ済んだので、今後は五ヵ年基金に加える。⑥初年度より年利八朱（八パーセント）で貸し付けて増殖する。といった内容であった。

（救恤米）」を出したが、それでは足りないので、村内の富裕者が施行に加わった。そのうちの一人であった味噌屋は、一人麦一升宛を八〇〇人に施行している。その後、五月節句の前に二〇人程の富裕者がそれぞれ銀一五～五〇匁程ずつを出し合って、それを困窮者の救恤にあてた。また、文化十五年（一八一八）二月には、府中の延藤《のぶとう》慎助翁が米寿祝いとして、郡内困窮者に米三〇〇俵を施行している。

一方、川口《かわぐち》村では天保八年（一八三七）の飢饉の際、「村方難儀一〇四人」の救恤を要したが、村にはこれといった蓄えもなく、結局は庄屋多木本右衛門らの五人の村役人が銀札三三〇匁を醵出《きょしゅつ》して、「粥米壱合宛、三月朔日《ついたち》より八拾日之間」の炊出しにあてることができたという。また、文久元年（一八六一）三月、市《いち》村の土屋家では村内の五七人の困窮者に対し、四～八匁まで、総計三六〇匁を施行している。その他、当該期における民間（富裕者）の有志による備荒《びこう》★組織・救恤活動の事例は、領内の村々で多々見受けることができる。その背景として、藩は災害や飢饉に際して財政難のためか、ほとんど何ら積極的な対策を講じ得ず、その代わりに、民間有志の救恤が積極的に行われ、むしろ藩側も民間富豪層による共助を大いに期待するほどであった。

藩では一揆後における農民に対する諭告《ゆこく》において、農民は無知であって、年貢を納めるだけの存在とし、農民が潰れるのは農民の奢侈《しゃし》によるものであり、かつ藩の威光を笠に着た庄屋らの村役人の不始末であり、常に農民を不憫《ふびん》に思いなが

▼備荒
凶作や災害への備え。

ら藩政を執っている藩主には何ら責任はないとまで断言している。また、一揆を行う農民は悪人であり、今後は厳しく処罰を行うとしている。換言すると、度重なる一揆を踏まえて、藩は綱紀粛正《こうきしゅくせい》された庄屋らの村役人を通して、農民の訓育を強化するとともに、村入用《むらにゅうよう》の軽減、農民の奢侈禁止、村内の相互扶助によって農民没落や農村荒廃を防止しようと、藩政方針を大きく転換したのである。

　こうした動向が領内各地での社倉《しゃそう》法・義倉《ぎそう》法の発起へと繋がっていくこととなるのである。天明七年（一七八七）には、芦田郡府中市《いち》の木綿屋《もめんや》久三郎《きゅうさぶろう》（大戸直純）と、その同志五〇人によって社倉《しゃそう》が設置された。また、寛政八年（一七九六）には深津郡千田《せんだ》村の荒木市郎兵衛《あらきいちろべえ》らによる宝講《たからこう》、寛政十一年には深津郡市《いち》村における宝講が開始した。これらは各村落の富豪層が発起して、自村内の農民の相互扶助を目的として組織されたものである。そうした中で、文化元年（一八〇四）に藩と結託するかたちで、領内全域の規模にわたっての相互扶助を目的として、創設されたのが次節で詳述する「義倉《ぎそう》」である。

阿部氏略系図

阿部正勝―正次―重次―定高―正邦《まさくに》（初代　下野国宇都宮から）―正福《まさよし》（二代）―正右《まさすけ》（三代）―正倫《まさとも》（四代）―正精《まさきよ》（五代）―正寧《まさやす》（六代）

正寧の子：
- 正弘《まさひろ》（七代　正精六男）―正教《まさのり》（八代　正寧嫡男）―正方《まさかた》（九代　正寧三男）―正桓《まさたけ》（十代　広島藩主浅野長訓甥（浅野式部懋昭三男））
- 正教　叔父正広養嗣子となる
- 正方　兄正教の相続人となる

②「義倉」の創設とその活動

度重なる一揆や災害を経験する中で、創設されたのが「義倉」である。義倉は領内全域にわたる相互扶助機関として、藩を後ろ盾に地域の豪農・豪商層によって運営が行われていった。義倉は地域社会にとってなくてはならない存在となり、その活動は現在にまで続いている。

府中社倉と宝講

前節でみたように、天明六・七年（一七八六・一七八七）の大一揆後、領内の諸村に、村内における農民の救恤《きゅうじゅつ》を目的として、備荒貯蓄による相互扶助機関が設立された。天明八年には、出口《でぐち》村庄屋の木綿屋《もめんや》久三郎《きゅうさぶろう》（大戸直純）による社倉《しゃそう》が芦田郡府中市《いち》村に創設された。まず富豪層によって社倉麦が醵出《きょしゅつ》され、それを基に貸付を行い、年一割で元本に利息を付けて返還を行うといったものである。発起人である大戸直純《おおとなおずみ》の手による『社倉記録』の跋文《ばつぶん》には、「近年では水害や旱魃の被害が続き、米穀の価格も高騰して人々は困り果て、当村でも七、八割の農民が塗炭の苦しみをなめる状況にある。そこで、明浄寺《みょうじょうじ》（光耀山）熙道《きどう》上人や木村正孝（雅）（葦川《いせん》）に相談して、朱子学で提唱された社倉法を採用しようと決意し、

大戸直純の墓

同志を募ったところ、数十石の麦が集まった。それを平年には冬に貸し付けて、収穫期の夏には元本に利息（年利一割）を付けて返還し、凶年にはこの蓄えた麦を放出して、一村の危機を救う」とあり、まさに天明の大一揆の直後に書かれたものだけに、その文章には切実さが滲み出ている。

大戸は自ら麦十石を醵出するとともに、村内四八人の同志から五十七石を集めて、これを元麦《もとむぎ》とした。そして、当時の庄屋であった上月則虎《こうづきのりとら》を説いて、旧府中獄舎跡と伝える免租地に収麦庫を建てる許可を得て、社倉を設立した。そのため、「囹圄《れいぎょ》（獄舎）社倉」と称された。当社倉は出資者からみて、府中の商人・職人層を中心にした互助機関であったといえる。

寛政八年（一七九六）、荒木市郎兵衛《あらきいちろべえ》★の口利きで、深津郡千田《せんだ》村で宝講《たからこう》が創設された。その発起趣意書によれば、二九人の村内同志がそれぞれ二〜五斗ずつ年間五石五斗の掛米を五年間積立て、それを元米として、年一割〜一割五分の低利で難渋者にそれを貸し、利米を積立てて元米は六年目から八年目にかけて（無利子で）返却を始め、残りの利子分（利米）である「宝講根米」をもって難渋者の救済を行っていき、村民の没落を防ぐというものであった。

根米は二十石になるまで決して扶助はせず、二十石に達した時点でその利子米分は講連衆で評決して「病難又は格別之貧窮極難之者」に低利で貸与した。こうしたシステムは昭和期まで存続されていたという。なお、寛政十一年に発起され

▼荒木市郎兵衛
圃叟と号した市郎兵衛は、妻が菅茶山の妹という関係で、文人でもあった。その邸宅は藩主の鴨猟の際の休憩所となり、市兵衛が傷付いた鶴を養育していたことから、六代藩主の正寧は「栖鶴楼」、茶山は「鶴楼」と名付けられていたとされる。

た深津郡市村《いち》の宝講も、千田村と同様の仕組みであった。

福府義倉

藩内における相互扶助機関の設立が天明六・七年（一七八六・一七八七）の大一揆後であることは、改めて注目すべきことであろう。前節でみてきたように、こうした相互扶助機関発起の背景には、当地域における事情によるところが大きい。つまり商業的農業の発展に連動して生じた農村内部の階層分化（貧富の差の拡大）、また繰り返し起こる旱・水害による農村の荒廃、飢饉の発生、そして一揆の頻発である。

一揆が起こると、真っ先に村内の豪農商層が打ちこわしや、炊き出しの供応を強要された。こうした度重なる一揆から、豪農商層が農村の荒廃に関心を持ち、その打開策を考え、それを実践していくこととなったのは、むしろ当然の流れであったかもしれない。言い換えれば、社会保障を与える力のない藩の無力さをただ憂うばかりでなく、豪農商層を軸として共存共栄の道を模索する動きの始まりでもあった。そして、ついに辿り着いたのが、相互扶助の規模を藩全体に拡大して、藩の庇護を受けるという新たな組織の創設、文化元年（一八〇四）菅茶山《かんちゃざん》によって名付けられた「福府義倉《ふくふぎそう》」であった。

そもそも義倉とは、深津《ふかつ》郡深津村の庄屋石井《いしい》武右衛門《ぶえもん》（盈比《みつひら》）の遺志遺金を託された隣村千田《せんだ》村の河相《かわい》周兵衛《しゅうべえ》（楚宝）が発起したものである。寛政八年（一七九六）五十五歳で死に臨んだ武右衛門は、周兵衛を枕元へ呼んで、家督は養嗣子《ようしし》に譲るが、有金は何とか公用に利用してくれるようにと遺言した。武右衛門には実子がなく、周兵衛の弟粛《しゅく》を養子として迎えていたほど、常日頃より周兵衛とは親しい友人であり、縁家でもあった。

広島藩で実施されていた社倉法に関心を持っていた周兵衛は、折あらば福山藩でも実施できないかと、その計画に思案を巡らせていたが、とりあえずは託された金子を在郷における農商人の金融に回し、資金を増やしていった。やがて、藩主の帰国を耳にした周兵衛は、武右衛門の遺言の趣旨と遺金で、これまで熟考していた「救法」を発足させる千載一遇の好機であるに至ったことが、天保二年（一八三一）に藩へ提出した「義倉発端手続」に記されている。

かくして、七年後の享和三年（一八〇三）夏、周兵衛は品治《ほんじ》郡戸手《とで》村の庄屋信《のぶ》岡平六《おかへいろく》と城下の神野《かんの》（帯屋）利右衛門《りえもん》に、その計画を語り同志となる内諾を得て、ついで十二月には御札座支配人岩田屋庄左衛門にもその目論見《もくろみ》を語り、賛同を得ることができた。周兵衛の当初の計画では、義倉の資金として国元からの銀一〇〇貫に加えて、藩の御用達藩札発行を引き受けていた大坂五軒屋★より銀二〇〇貫の割りで調達を考えていたのだが、岩田屋庄左衛門と相談した結果、国元・大坂

河相周兵衛像
（一般財団法人 義倉）

▼大坂五軒屋
明石屋庄右衛門・米屋惣兵衛・泉屋佐七・助松屋与兵衛・油屋吉兵衛。

ともに銀一五〇貫ずつ出資することとし、大坂五軒屋への説得には岩田屋があたることを決めた。と同時に、藩の家老並である三浦義和にも根回しを行った。

文化元年には、府中市の木綿屋《もめんや》久三郎《きゅうさぶろう》（大戸直純《おおとなおずみ》）とその弟であった城下吉津町の福井《ふくい》（津国屋）常右衛門《つねえもん》も出資者に加わり、同年八月には大口出資者の大坂五軒屋も承諾した。ここで義倉は順調に軌道に乗っていくかと思われたが、こうした藩全体にまたがる機構について、地方の豪農とはいえども、庄屋クラスの周兵衛らの同人だけで運営していくにはやはり自信が持てず、何よりも大義名分が立たなかった。それを克服するためには、発起頭を藩首脳にする必要があった。それならばと直ぐに奔走し、当初は難航したものの、やがて周兵衛の意気込みと粘り強い動きに対して、また藩の利益にもなると考えたのか、ついに藩も同意することとなったのである。

義倉目論見

義倉の発足にあたって、周兵衛は藩の実情を十分に踏まえた上での目論見（内容・計画）となるようにと配慮している。神辺大庄屋の藤井料助（暮庵《ぼあん》）の口利きで、備中国岡田藩家老の蒲池《かまち》左五郎が所持していた中井竹山著の『社倉私義』を借用して熟読するとともに、筑前国秋月藩の亀井道載《どうさい》（南冥《なんめい》）の助言を受け、その上で諸国の人との手紙を遣り取りするなどして多くの意見を取り入れ、最終的には藩の重職にあった中山斧助（光昭）の添削を受けて、文化元年（一八〇四）十一月に「救法目論見」を完成させ、藩へ提出した。

以下に、周兵衛が作成した目論見を三つに分けてみよう。

目論見第一として、銀三〇〇貫を同人らが調達し、藩が当時石州銀山より借用していた銀二九二貫目を肩代わりして返却する。調達人の負担した三〇〇貫の調達銀の内訳は、銀六〇貫目　石井武右衛門（先代武右衛門盈比の子）、銀一五貫目　河相周兵衛、銀三〇貫目　信岡平六、銀三〇貫目　神野（帯屋）利右衛門、銀一五貫目　福井（津国屋）常右衛門、銀一五〇貫目　大坂五軒屋であった。

ただし、大坂五軒屋分の出資銀は、十五年目の文政元年（一八一八）になって、石井武右衛門・信岡平六・神野（帯屋）利右衛門・河相清兵衛（周兵衛分家）・河相定次郎（周兵衛分家）らの第二回の出資により返済された。

目論見第二として、義倉出銀によって銀三〇〇貫を差上げ切りにして藩債を肩代わりする代償として、藩は年間利子銀四五貫目（利率は石州借用分と同じ、年一割）を翌年の文化二年より十五年間、計六七五貫を毎年一月中に町郡両奉行の手より調達人へ下付することとする。その他にも、毎年銀六貫目の代米として永久に米百石を十年間は蔵米より、十一年目からは義倉が買い求めた田地の加地子《かじし》★として調達人に下付することとする。なお、この六貫目とは藩が借財した石州銀山

▼加地子
小作料の別称。

において毎年行わざるを得なかった土地の役人への付け届けや挨拶銀、および道中の費用雑費分を一歩七厘と見込んだ額であった。

目論見第三として、三〇〇貫目から一ヵ年分利子銀四五貫の十五ヵ年分の総計分六七五貫目の仕向方、すなわち義倉の役割を決定する出入費の内容については、以下の三点に大きく整理できよう。

①義倉は年々田地、塩浜（塩田）を購入し（それを義倉田と呼び、そこで働く小作人を義倉小作人と呼ぶ）、その小作米収納によって窮民御救米の積立を図った。

②田地購入の資金を捻出するために、年々下げ渡される銀四五貫のうち二五貫余を複利計算で、「在町鞆有福之者共御撰び」毎年十一月中に貸渡し、極月（師走）より月一分の利付けで、翌年十一月二十五日切に掛屋に元利返納する仕組みによって貸し付け（義倉貸し銀）、六年後の元利銀総計二〇〇貫を貸付金額の制限額とし、それ以降は田地購入資金に振り向けることとした。なお、この貸し付けの名目は「預ヶ銀」と唱え、もし貸しても身代不評判の噂を聞けば、直ちに貸し銀を引き上げることとしている。

③年々銀二〇貫を割いて、社寺の修理、藩士の救済、社人《しゃにん》・寺僧の講釈料、医師の修学育英資金等に充当した（諸行事仕向銀）。

義倉の運営と救恤活動

文化十一年（一八一四）には、義倉田の買入れが始められた。当年の貸付銀は一九七貫余に達し、目論見《もくろみ》の予定より五年遅れではあったものの、同年暮れには当初の目的通りに、分《わけ》郡中津原《なかつはら》村に上々畑一四筆・上畑六筆、合計一町一反三畝二十一歩の畑地を「義倉田《ぎそうでん》」として買い求めることができた。さらに、翌年にはその傍らに「義倉田」と刻んだ長さ六尺、幅一尺の石柱を設置した。また、それ以後も引き続き田畑を買い求め、義倉に土地が集積していくこととなる。

義倉田の多くが文化年間に集積され、それは深津・品治・安那・芦田・沼隈・分の各郡下二七ヵ村にみられ、領内全体に広く散在していた。ちなみに、昭和八年（一九三三）における義倉資産の田畑宅地等は一二八町二反とあり、幕末以降における土地集積の急速化にも驚嘆されよう。

文政元年（一八一八）四月、石井武右衛門、信岡平六、神野（帯屋）利右衛門、河相清兵衛、河相定次郎の五人は、それぞれ銀二〇貫ずつ計一〇〇貫を第二回分として出資した。これは先述した文化元年の第一回分として、大坂五軒屋が出資した金一五〇貫の返済に充てるためであった。第一回の出資後、大坂五軒屋は義倉設立に際しての戻し利銀を本来は受けるはずであったが、年々米五十石・銀二

義倉田の石柱
（一般財団法人 義倉）

貫五〇〇匁の分配について、自分達は公益性に賛同したものであって、その必要はないと辞退した。そこで、利益受配分は義倉元金に繰り入れられ、銀一〇〇貫で皆済ということで決着した。その結果、義倉の主導権は石井・河相氏ら、地方在住の豪農商層に完全に握られることとなった。

天保年間（一八三〇〜一八四四）は凶作が続いたため、救恤賑給《きゅうじゅつしんごう》が相次いで行われ、義倉田の収益や貸付銀の利子回収も芳しくなく、その補充のため河相周兵衛・河相清兵衛・石井武右衛門・信岡平六・神野（帯屋）利右衛門の五人は、銀五貫目ずつ計二五貫を別段出資して充当した。また、天保三年の凶作時には、義倉の民間貸付け利回りを月一分から月八朱に切り下げて、難渋する借用者側の便を図った。そのことで銀四〇貫の不足銀が生じたが、それは藩に十年間無利子の借用方を申し込むことで解決を図っている。

しかし逆に、文政六年、藩は義倉に対して、御口入《ごくにゅう》（御趣法御立銀）と称し、銀七四貫五〇〇匁もの大金の借り出しを命じた。この借財については、天保九年には利留めを仰せ付けられ、事実上の献金となり、回収不能に終わっている。

こうした事態で徐々に出資も嵩んでいき、天保八年になると、義倉元金（義倉田畑も含む）は銀一一〇貫余、内貸付け額銀二一貫と著しく減少してしまう。そのため、神仏学講釈料★をはじめその他の御手当を休年とすると同時に、再び藩に願い出て、天保八年より手間銀七貫目を五年間、計三五貫の趣法新借★を行い、立

▼**神仏学講釈料**
社人・寺僧の講釈料。

▼**趣法新借**
新たに借金をすること。

て直しを図った。これを新しく民間への貸し回しに充て、複利計算で五年後に銀二五九貫の積立てを目論むことにした。それが功を奏したのか、天保十四年には銀三一五貫、嘉永六年（一八五三）には銀三六八貫余と、貸付銀を含む義倉備え銀高は着実に増加していった。一般の高利貸付けが月利二分から一分半というのに対して、義倉貸付銀の銀子貸出しは、月利一分（天保三年以降は八朱）であり、その利子率が安かったので、利用者も多かった。もちろん、貸付に際しては、質《しち》物《もつ》が必要であったことはいうまでもない。

　義倉の運営は、藩が任命した義倉方の年番役人の決裁と監督の下、調達人（出資者）を中心に行われ、ほぼ計画通りに進められた。しかし、飢饉が続くと目論見は大きく外れ、その救恤のために出費が嵩《かさ》んだりして、神道・仏学講釈、神社仏閣修復料、医学修行御手当料、書物買入料、在町旧家御救い御手当銀などの手当が部分的に休年することもあった。

　ただし、藩家中の御救い御手当て上納、江戸御家中御救い金の支出には休年はなく、天保以降には銀七貫余が支給され、天保五年以降には城下の宿老役料が新たに義倉方から三貫目程支払われるなど、藩にとって義倉の存在意義は大きいものであった。また、義倉方から毎年支払われる各種手当については、その大部分が藩の勘定所と郡方帳元に分かれて納付された。

　その他、藩校・誠之館《せいしかん》建設の際には木材を献上し、練兵場拡張の際には所有地

現在の「一般財団法人 義倉」

六反歩の献上といったように、義倉は藩と密接な関係性を保ちながら、運営されていたことは注目すべきことであろう。

義倉は凶作時になると、積極的に救恤を行った。文政六年（一八二三）三一二〇俵、天保七年（一八三六）一〇〇〇俵、嘉永二年（一八四九）一〇〇〇俵、嘉永三年五〇五俵、嘉永六年二一二〇俵、文久元年（一八六一）一三二〇俵の救恤を行っている。また、万延元年（一八六〇）の凶作時には、翌年正月に義倉は救恤に乗り出したが、義倉では一二〇〇俵も供出してしまうと、目論見の基準となった義倉備え元銀二〇〇貫を割ってしまうので、救恤米を減少するよう藩と交渉したが許されず、一三二〇俵の支出を命じられた。と同時に、義倉田加地子米の廉価販売をも指示してきた。

これに対し、義倉ではその申し出を受け入れる代わりに、義倉備え元銀が二〇〇貫を超えるまでは、藩への御用立ては一切断ることを条件として申し入れている。この年も尾道・松永・鞆の三港で肥前米・豊前米・宇和島米といった他国米を銀八五貫余で購入し、一三二〇俵を領内の困窮者一人あたり三合三勺余（約〇・四一四リットル）、全体一六万三二六人に分配した。その他、遠隔地であった神石郡の奥在村の九七四人には、村を通じて現米の代わりに相当の代銀が施された。一方、義倉田から収納された加地子米の六八七俵程が領内のみに融通することを条件に、一俵銀四〇目替えで藩へ売却された。

③ 当代随一の文化人・菅茶山

漢詩人として著名な菅茶山は、故郷の神辺に私塾「黄葉夕陽村舎」を開いた。その後、塾と土地は藩へ献上され、藩の郷校「神辺学問所（廉塾）」となった。三顧の礼で藩に迎えられた茶山は、藩のブレーンとして、地誌『福山志料』の編纂などに尽力する。

私塾と寺子屋

江戸時代も後半に入ると、庶民の教育施設である寺子屋★が急増し、おおむね一村に付き一つの寺子屋が設けられるようになった。福山においても、私塾に関する規制は特になかったため、医師・神官・僧侶といった地域における知識人による教育が早くから行われたようで、『日本教育史資料』によると、藩内には四九の寺子屋が確認でき、『福山往来』なども教科書に用いられたという。最も早いものは、明和元年（一七六四）神村に開設された「松渓亭《しょうけいてい》」で、文久二年（一八六二）には僧那須大闡の指導で、男二〇人、女五人が習字と算盤を学んでいる。

また、府中市《いち》村には寛政年間（一七八九～一八〇一）に「楽群館《らくぐんかん》」と称する私塾が開かれていた。これは出口《でぐち》村庄屋の大戸直純《おおとなおずみ》が府中の浦上盛栄《うらがみもりえ》らに兄の債金を

▼寺子屋
寺子屋では庶民の子弟に、読み・書き（習字）、算盤を教え、教科書には『実語教』、『童子教』、『庭訓往来』、『商売往来』などが用いられた。

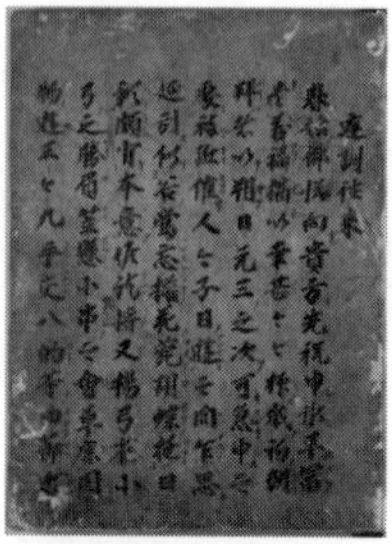

庭訓往来の画像
（国立国会図書館蔵）

償った際、盛栄一人がこれを受け取らなかったので、二人で相談してその金を利殖して数百金とし、郷里の人ために塾を開いたという。

その他にも、天保二年（一八三一）儒医の木村雅寿《きむらがじゅ》が府中で開いた家塾「学半書院」、同じく府中市《いち》村で安政三年（一八五六）に五弓雪窓《ごきゅうせっそう》（一八二三〜一八八六）が家塾を開いた。なお、雪窓は明治二年（一八六九）十一月に誠之館の分校「府中郷學」の設置により、その教授に就任した。同五年学制の発布により辞職し、再び家塾「晩香館《ばんこうかん》」を開いた。また、福山西町藪小路に所在した「就正堂《しゅうせいどう》」（塾主・諸木蓽山）や今津《いまづ》村に所在した「大成館《たいせいかん》」（塾主・三吉熊八郎）、福山地域からも多くの者が遊学した備中国後月《しつき》郡西江原《にしえはら》村（現・岡山県井原市）に所在した「興《こう》讓館《じょうかん》」（館主・阪谷朗廬《さかたにろうろ》）などがみられる。

そうした中にあって、福山における私塾の筆頭として、菅茶山《かんちゃざん》★によって開かれた家塾の「廉塾《れんじゅく》」を挙げることは、誰もが認めるところであろう。

菅茶山

菅茶山《かんちゃざん》は江戸時代後期の儒学者であるが、特に漢詩人として広く知られている。文化九年（一八一二）に刊行された漢詩集『黄葉夕陽村舎詩《こうようせきようそんしゃし》』★（初編八巻）が大ベストセラーとなったことで、江戸の儒者・亀田鵬斎《かめだほうさい》に「菅君詩を以って世に鳴

菅茶山肖像画
（重要文化財菅茶山関係資料　広島県立歴史博物館蔵・写真提供）

▼菅茶山
生家は神辺宿の東本陣役を勤めた本荘屋菅波家の分家であった。本姓は菅波、諱は晋帥（ときのり）、字は礼卿（れいけい）、通称は太仲（太中＝たちゅう）、幼名は喜太郎（きたろう）、元服後は百助（ももすけ）といった。ちなみに、「菅」は菅波を中国風な読み方に略したもので、号の「茶山」は近くに所在する茶臼山（要害山）から名付けたとされる。

▼『黄葉夕陽村舎詩』
文政六年（一八二三）には後編（八巻）、天保二年（一八三一）には遺稿（一一巻）がそれぞれ刊行され、三編に約二四〇〇首の漢詩が収録されている。

る」といわしめ、幕府大学頭《だいがくのかみ》・林述斎《はやしじゅっさい》をして「詩は茶山」と評された。

茶山は安那郡川北村で、農業と酒造業を営んでいた樗平《ちょへい》と半《はん》の長子として延享五年（一七四八）に生まれた。父は俳諧を嗜み『やよい庵句集』を出し、母も日本史に通じていた。また伯父の高橋慎庵《たかはししんあん》も漢籍に通じ、こうした和歌や狂歌も嗜むといった周囲の環境が、茶山の学問形成に大きく影響を与えたであろうと思われる。

茶山が生まれ育った神辺《かんなべ》は、山陽道の宿場町として栄えていたこともあって、当時は博打や酒色で荒れていた。茶山自身も二十歳の頃までそうした風習に染まっていたが、思いがけず俳諧を覚え、歌や詩作り、少しずつ読書量も増えていった。やがて、学問を広めることで町を良くしようと一念発起し、明和三年（一七六六）京都に遊学し、市川某に古文辞学、和田東郭《わだとうかく》に古医方を学んだ。那波魯堂《なわろどう》に朱子学を学び、同門の備中国鴨方《かもがた》の西山拙斎《にしやませっさい》とは、明和八年の初対面以来、親交を重ねた。安芸国竹原《たけはら》の頼春水《らいしゅんすい》とは安永二年（一七七三）に大坂の春水の家塾「青山社《せいざんしゃ》」で知り合い、拙斎とともに生涯の友となり、春水が片山北海《かたやまほっかい》の主催する混沌詩社《こんとんししゃ》に属していた関係で、茶山も葛子琴《かっしきん》や篠崎三島《しのざきさんとう》らと交友し、さらに中《なか》井竹山《いちくざん》や尾藤二洲《びとうじしゅう》とも交友を広げた。また、京都滞在中には高葛陂《こうかっぱ》の私塾にも通い、与謝蕪村《よさぶそん》や大典顕常《だいてんけんじょう》らとも交友した。

茶山はその生涯において六度にわたって京へ遊学している。こうした活動やそ

神辺本陣

『黄葉夕陽村舎詩』（文化九年刊）
（重要文化財菅茶山関係資料　広島県立歴史博物館蔵・写真提供）

こで形成された文人達との交流ネットワークがあってこそ、後に漢詩人として名声を得ることとなったのであろう。

廉塾

遊学から帰郷した安永四年（一七七五）頃、自宅に「金粟園《きんぞくえん》」という塾を開いたとされ、天明元年（一七八一）には、自宅とは別に専用の学舎「黄葉夕陽村舎《こうようせきようそんしゃ》★」を建てて、本格的に私塾として活動を開始した。

天明六年には、藩校「弘道館《こうどうかん》」設立に際し、教授に迎えられるが、病弱を理由として辞退した。その後、月に一度くらい学館に出るか、もしくは藩内の村々を廻村して講書★するかといった内命もあったが、これについても病気を理由に断っている。しかしながら、先述したように、『黄葉夕陽村舎詩』の出版によって、その名声は全国に知れ渡ることとなり、江戸城内における幕府大学頭《だいがくのかみ》・林信敬《はやしのぶたか》との会話の中で、茶山の存在を知った四代藩主の正倫《まさとも》はすぐに国元へ使いを送り、茶山を召し出した。これも病弱を理由に固辞するが、寛政四年に五人扶持を与えられて藩に登用された。翌年から米屋町で月に二度ずつ講釈を始めた。寛政七年、御家人に召し抱えされそうになった際には、「御領分に生長仕候へハ、堕地以来すてに君臣の分ハさたまりゐ申候」と陳情書を出して断っている。

▼黄葉夕陽村舎
黄葉山の西側の麓という意味。

▼講書
書物の内容を講義すること。

茶山之閭塾にて学文之図（『菅波信道一代記』）（広島県重要文化財　個人蔵　広島県立歴史博物館寄託・写真提供）

茶山は、藩から与えられた扶持金や塾生からの束脩《そくしゅう》（入学金）などを貯蓄しながら、塾田《じゅくでん》を購入していった。寛政八年には、塾と田地を藩に献上し、福山藩の郷校《ごうこう》としての認可を願い出た。、翌年の正月に認可されて以来、「神辺学問所《かんなべがくもんじょ》」や「閭塾《りょじゅく》」、または「廉塾《れんじゅく》★」とも称された。藩の郷校とした背景には、そうすることで、一代で消滅してしまうかもしれない塾の永続化を図ったことが挙げられる。茶山が晩年に記した塾経営の心得である「菅太中存記寄書」によると、自身が所有する田畑屋敷をすべて藩へ納めて、利米だけを収入として塾経営を永久に続けていこうとしていることがうかがい知れる。

利米を講師料や書籍代、さらには塾の修復や苦学生の奨学金に充て、さらに利米が余った時には山林田畑を購入して、その内容充実を図った。その結果、寛政八年には七反四畝五歩、文政三年（一八二〇）には三町三反五畝二九歩の塾田を所有するまでになっている。塾の屋敷や田畑はすべて貢租免除の除地で、表向きは藩の所管するものであった。そのため、郡代官や学問所支配世話人の監督や関与もあったが、その実情はほぼ自給自足の生活を送っていた。経営が安定化すると、塾生からは食費などの生活費と書物料を徴収するのみで、束脩は徴収しなかった。貧しくて飯料・書物料が払えない子弟は、学僕として家事を手伝わせながら勉強させた。塾生は貧富や身分に関係なく、塾に付設された寮舎に入ることを原則とし、文政年間には槐寮《かいりょう》・南寮《なんりょう》・敬寮《けいりょう》の三棟があった。

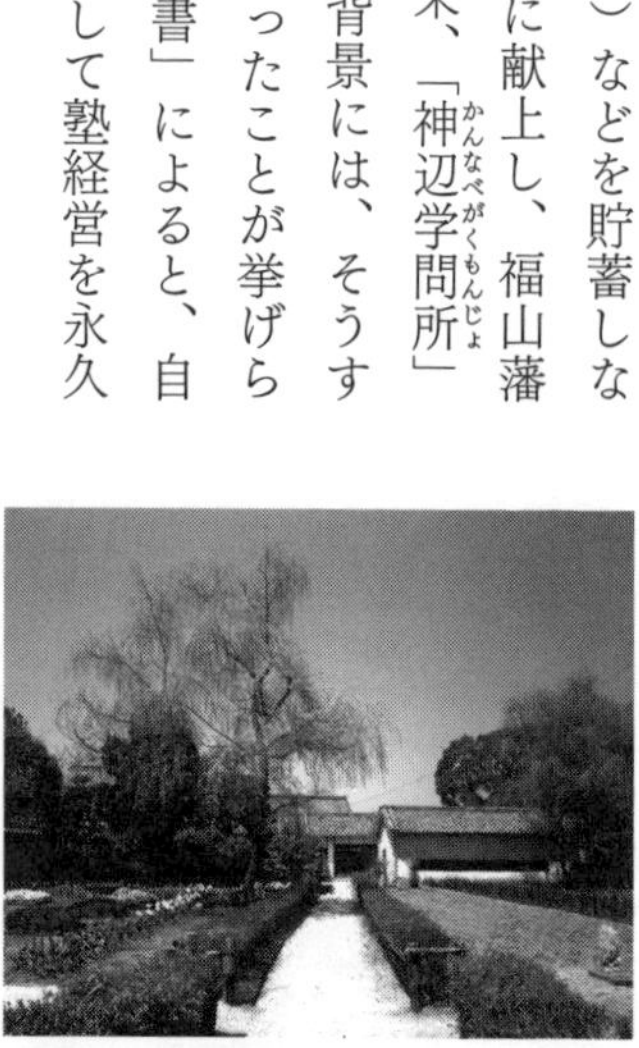

廉塾ならびに菅茶山旧宅
（福山市文化振興課写真提供）

▼廉塾
廉塾の「廉」という字には「倹約をする、贅沢をしない」という意味がある。

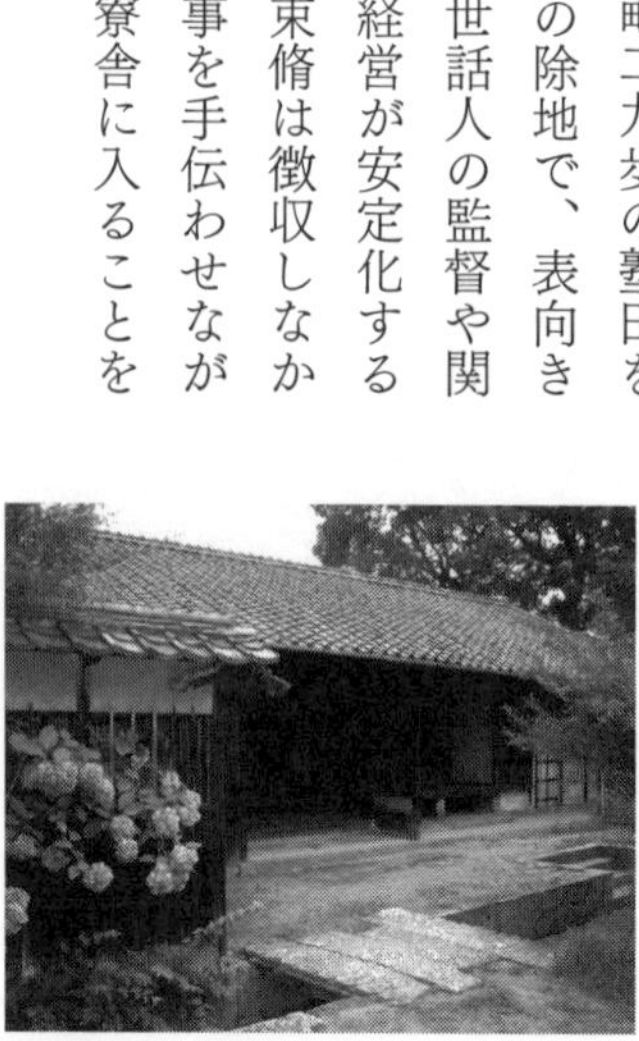

廉塾講堂
（福山市文化振興課写真提供）

塾の経営には、前節で詳述した義倉からも多額の援助を受けている。嘉永五年（一八五二）の安那郡五ヵ村（川北《かわきた》・川南《かわみなみ》・湯野《ゆの》・下御領《しもごりょう》・徳田《とくだ》）における塾田の合計は百七十一石余あり、茶山の死後も順調な運営が行われたことがうかがい知れる。当然ながら、それらはすべて塾の経営にあてられた。

廉塾の塾生は藩内を中心に、遠くは四国、九州、奥羽《おうう》と全国各地に至り、武士をはじめ、医師・僧侶、農商の子弟など、幅広くおよんでいたが、特に藩内における豪農層の子弟の多くが学んでいることが注目される。廉塾での教育は、主として儒教の経書の中で特に重要とされる四書★と五経★を中心とした講釈であった。

その他にも、「菅家往問録《かんけおうもんろく》」にみるように、近世山陽道（西国街道）を往来する文人らは、必ずといってよいほど廉塾に立ち寄り、そこで交遊することは日常茶飯事であったようである。

教育理念と地誌編纂

茶山の教育理念の一つに、「学種《がくしゅ》」★を育てるというものがあり、多くの学種を育成している。門下としては、頼山陽《らいさんよう》（一七八一～一八三二）、北條霞亭《ほうじょうかてい》（一七八〇～一八二三）、藤井暮庵《ふじいぼあん》（一七六七～一八四四）、北條悔堂《ほうじょうかいどう》（一八〇八～一八六五）、門田朴斎《もんでんぼくさい》（一七九七～一八七三）などが挙げられよう。

▼四書
「論語」「大学」「中庸」「孟子」。

▼五経
「易経」「書経」「詩経」「礼記」「春秋」。

▼学種
学問を志す人材の育成であり、茶山が教育活動を通して蒔く学問の種という意であった。

さて、五代藩主の正精《まさきよ》に厚遇された茶山は、享和元年（一八〇一）藩儒（儒者格）に任ぜられ、弘道館へ出講するようになり、文化元年（一八〇四）には藩主の供として江戸へ赴いた。

元禄期以降、幕府をはじめ諸藩の間で地誌の編纂事業が盛行する中で、福山においても藩主導による地誌の編纂事業に取り掛かる。なお、当地域ではすでに宮《みや》原直観《はらなおゆき》による『備陽六郡志《びようろくぐんし》』や、馬屋原呂平《うまやはらろへい》（重帯《しげよ》）による『西備名区《せいびめいく》』といった民間人によって大成された優れた地誌がみられ、藩の編纂事業に際しては、それらが参考資料として大いに用いられたであろう。正精は文化二年に加判の列★にあった吉田豊功を史局の長として、藩領内に関する地誌の編纂を命じた。史局には大目付中山斧助、徒士目付枝與市、藩学教官鈴木圭輔らが就き、特命によって菅茶山がこれに加わるが、事実上の功労者は茶山であったといっても過言ではない。文化六年春に完成した『福山志料《ふくやましりょう》』★は、吉田豊功の啓書を副えて、藩主に奉呈された。『福山志料』の編纂事業の大役を無事に終えた茶山は、文化十一年、再び江戸に召され、文政六年（一八二三）には三〇人扶持・大目付格となった。

文政十年八月に茶山が亡くなると、同年十月に養子の菅三《かんぞう》（三郎・自牧斎《じぼくさい》）が塾を継ぎ、同年福山藩から五人扶持を支給されて塾主となり、幕末までその学統を受け継いだ。また、菅三の跡は養子晋賢《くにかた》（門田朴斎の子）が継ぎ、廉塾は明治六年（一八七三）まで続いた。

馬屋原重帯の寿蔵碑（提供：福山市文化振興課）

▼加判の列
主君の上意を執行するにあたって、署名・押捺を行う職権を有する重臣。評議制を構成する家臣。

▼『福山志料』
総叙一〇巻・邑里一六巻・土産一巻、弁説二巻、及び付録五巻で構成され、全篇を五部三十五巻に分けられている。総叙では、国郡名号・形勝気候・祥異・風俗を述べ、次に古代から近世に至るまでの租調の実態と、備後に関係のある名官や武将等を詳細に記している。邑里の部では、福山城下をはじめ各郡村の路程・田畝・歳額・戸口・畜・溝渠・池塘・堰閘・橋彴・廟墓・塔寺・名勝・古蹟等を詳細に記している。また、土産の部では各村の特産物を、弁説の部では寺社・名勝・古戦場を挙げ、巻尾の付録の部には古文書・芸文を掲載するとともに、多くの郡村名勝の図絵を挿入している。

④ 阿部正弘の功績と藩政改革

黒船来航という未曽有の危機に遭遇した老中首座・阿部正弘は、情報の収集・共有・公開という手段をもって対処した。また、国難を機として、幕政・藩政の両面で諸改革を推進した。とりわけ、有能な人材の登用、および人材の育成に力を注いだ。

老中首座・阿部正弘

阿部《あべ》正弘《まさひろ》といえば、日本史の教科書にも取り上げられる人物である。正弘は、文政二年（一八一九）に五代藩主正精《まさきよ》の六男として誕生した。幼少期より柴山敬蔵や門田堯佐《もんでんよしすけ》（朴斎《ぼくさい》）などに儒学を学び、また馬術・槍術などで心身の修練に励んだ。

天保七年（一八三六）に兄の六代藩主正寧《まさやす》の養子となり、兄が隠退すると家督を継いで七代藩主の座に就いた。天保九年に越前藩主松平治好《はるよし》の次女謹子《きんこ》を妻に迎えるが、生来病弱であった謹子は嘉永五年（一八五二）に三十一歳の若さで死去した。そこで、翌年に越前藩主松平慶永《よしなが》の女謐子《しずこ》を妻に迎える。謐子は糸魚川藩主松平直春《なおはる》の長女で、慶永の養女であった。

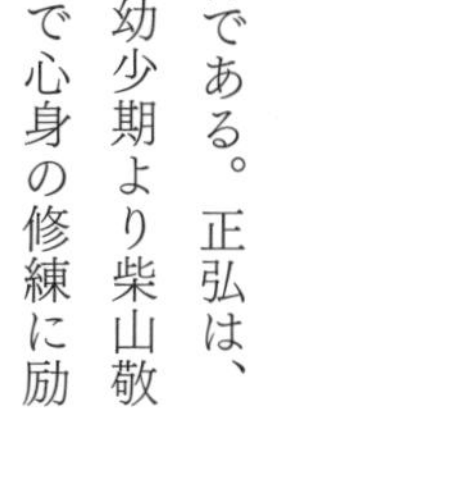
阿部正弘肖像画
（福山市歴史資料室蔵）

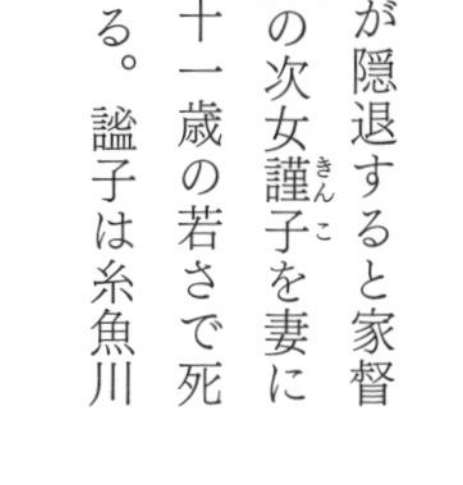
正弘夫人（謹子）肖像画
（福山市歴史資料室蔵）

正弘は天保九年には奏者番《そうじゃばん》、天保十一年五月には寺社奉行見習《じしゃぶぎょう》、同年十一月には寺社奉行に就任した。さらに、天保十四年には弱冠二十五歳で老中《ろうじゅう》に抜擢された。弘化二年（一八四五）には焼失した江戸城の造営総奉行を任ぜられ、間もなくして幕閣のトップである老中首座《しゅざ》に就任した。

当該期における喫緊の政治的課題としては、天保の改革の挫折によって失われた幕府の権威の回復と、極東に迫りつつある欧米列強との対外問題であった。なお、正弘が老中に就任した前年には、阿片《あへん》戦争に大敗した清《しん》が南京《なんきん》条約を締結して香港《ほんこん》をイギリスに割譲している。そうした情勢に対し、幕府は文政八年の無二念打払令を改めて、薪水給与令《しんすいきゅうよれい》を下して対応を図ったものの、未だ確固たる対外政策は出していなかった。天保十四年には、イギリス船による琉球諸島の測量、その翌年にはフランス船が琉球《りゅうきゅう》に来航して通商要求が行われことが、薩摩藩を通じて幕府へ報告された。しかしながら、幕府は琉球と諸外国との対外交渉に関しては薩摩藩に一任し、それを黙認することとした。

そうした中で、同年七月にはオランダ国王より国書が送付された。西洋における蒸気船の発明と兵器の進歩が説かれ、日本が孤立すれば戦争の危険を招く恐れがあるとして、開国するよう勧告がなされた。しかし、幕府はその忠告を無視し、かたくなに鎖国体制を固持する。ただし、国書によって幕府は海防の必要性を感じ、海岸防禦御用掛《かいがんぼうぎょごようがかり》（海防掛）を常設とし、老中首座の阿部正弘以下、老中の牧《まき》野《の》忠雅《ただまさ》、若年寄の大岡忠固《おおおかただかた》と本多忠徳《ほんだただのり》が担当した。

弘化三年のビッドル率いるアメリカ艦隊の浦賀来航をはじめ、英・仏・露の各国が通商を求めて列島各地に再三にわたって来航しており、幕府も大砲の鋳造を行うなど対策を講じたが、数も少なく、実用性にも欠けていた。

嘉永三年（一八五〇）六月、長崎来航のオランダ人より、近い将来アメリカ艦隊が日本に来航し、通商を求めるであろうことが予告され、翌々年の八月に、長崎のオランダ商館はハワイ王国の総督より、アメリカが日本に通商を要求するために武装艦隊を率いて来航すること、同艦隊は東シナ海を現在航行中であることが告げられ、これを幕府に知らせた。けれども、幕府はそうした度重なる警告や通報に接しながらも、相も変わらず特段の対応はみられなかった。

その間、正弘は日光東照宮の修繕、勝手掛の精勤、海岸防備や大砲鋳造監督といった多年の精励恪勤《せいれいかっきん》を賞せられるとともに、嘉永五年五月に焼失した江戸城西の丸の造営総奉行を務め、同年十二月に造営竣工を迎えた功績により、一万石の加増を受けた。翌年の嘉永六年五月には、備後・備中両国で込高一万千七百六十六石余と決定した。新領地は備後国安那《やすな》郡の三谷《みたに》・東中条《ひがしちゅうじょう》・粟根《あわね》・芦原《あしわら》・西中《にしちゅう》条《じょう》・箱田《はこだ》・矢川《やかわ》・中野《なかの》の八カ村、同国神石《じんせき》郡の花済《はなずみ》・上豊松《かみとよまつ》・上野《うえの》・時安《ときやす》・亀石《かめいし》・坂瀬川《さかせがわ》・井関《いせき》・李《すもも》・近田《ちかだ》・東有木《ひがしあるぎ》・西有木《にしあるぎ》・大矢《おおや》・笹尾《ささお》・小野《おの》・中平《なかだいら》の十五カ村、および備中国後月《しつき》郡の敷名《しきな》村と高屋《たかや》村の内であった。また、後月郡の二カ村については、安政二年（一八五五）に同国川上《かわかみ》郡の領家《りょうけ》村と地頭《じとう》村と替地となった。

黒船来航

嘉永六年（一八五三）六月三日、ペリー率いるアメリカ東インド艦隊四隻が浦《うら》賀《が》沖に来航した。浦賀奉行の戸田氏栄《とだうじよし》は、来航の目的はアメリカ大統領の国書を渡すためで、国書を受け取らない場合は「即刻異変」となるであろうと幕府へ伝えた。

老中首座であった阿部正弘は、股肱《ここう》の臣である石川和介《いしかわわすけ》（後の関藤藤陰《せきとうとういん》）を浦賀に派遣して、その実情を探索させるとともに、これまで海防問題に深く関心を寄せていた水戸の徳川斉昭《とくがわなりあき》に意見を求めた。だが、アメリカ艦隊の来航を目前に控えてはなす術もなく、将軍徳川家慶《とくがわいえよし》も病中にあったため事態の打開策は見出せないままであった。そのような中で、正弘は斉昭を海防謀議に参与させるべく、駒込水戸邸に単身赴いて出仕を要請した。以後、斉昭は隔日登城して対外問題に参与することとなる。そして九日になって、後々の確たる方針もないまま、幕府は久里浜《くりはま》にてアメリカ大統領の国書を受け取った。ペリーは来年再航し、書簡の返答を求めることを告げて退去した。ペリーのもたらした国書の内容とは、①日

ペリー来航図
（備後一宮　吉備津神社蔵）

ペリー肖像画（ハイネ画）
（守屋壽コレクション
広島県立歴史博物館蔵・写真提供）

米間の和親交易、②米国船への石炭食料の給与、③米国海難民の救助の三件を要求するものであった。

事態の収束を図るべき矢先、将軍徳川家慶が死去し、徳川家定《いえさだ》が十三代将軍となったが、家定は生来病弱のため、将軍を支える幕閣がその重責を担うこととなり、まさに老中首座の地位にあった正弘の負担は並々ならぬものであったことはいうまでもあるまい。

黒船退去後、早々に幕府は国書を翻訳して諸大名に示し、通商の可否を忌憚《きたん》なく申し出るよう命じた。その結果、要求を拒絶する（一三藩）、軍備を整えて拒絶する（八藩）、交易を許可する（九藩）、態度不明（三藩）という回答が寄せられ、拒絶せよという意見が大勢であった。

藩主が老中ということもあり、意見書は提出していないものの、福山藩内には開国に反対する意見が多かった。先述の石川和介（後の関藤藤陰）は攘夷論を固持し、同じく正弘の信任を得ていた侍講の門田堯佐《もんでんよしすけ》（朴斎《ぼくさい》）は、アメリカ国書の取り扱いについて建白し、外国船を入港させてアメリカ国書を受け取るなどの幕府の対応を批判した。また、国元で取締役を勤め、安政元年（一八五四）に江戸在勤に代わった山岡八十郎《はちじゅうろう》は、正弘に攘夷決行を上書し、それが聞き入れないとなるや、腹を切り諫死《かんし》している。

さらに、幕府は黒船来航の旨を孝明《こうめい》天皇に奏上したが、朝廷側でも名案はなく、

石川和介（関藤藤陰）肖像画
（園尾 裕写真提供）

勅令により七社七寺に外夷退散の祈禱を行うのみであった。

ペリー来航の約一ヵ月後の七月十八日には、プチャーチンがロシア艦隊を率いて長崎に来航し、国書を呈して両国の国境を議定し、かつ交易を行うよう要求した。幕府はアメリカと同じく、国書を受理した。

安政元年正月、前年の予告通りペリー率いるアメリカ艦隊九隻が浦賀へ再航し、国書の返答を要求した。早速、幕府は林復斎《はやしふくさい》・井戸覚弘《いどさとひろ》・伊沢政義《いざわまさよし》・鵜殿長鋭《うどのながとし》の四人を浦賀へ遣し、その後は神奈川に赴かせて交渉にあたらせた。幕府としては、あくまでも鎖国を固辞する姿勢ではあったが、交渉の結果、嘉永七年三月三日、神奈川において「日米和親条約」一二ヵ条が締結調印されることとなった。

正弘は開国問題が一段落すると、その責任をとって辞表を提出したが、同年四月には京都御所焼失があり、これを機に家定は辞職を許さず、正弘を禁裏御所《きんりごしょ》向御作事総奉行に任じた。十月には堀田正睦《ほったまさよし》が老中に復帰し、正弘に代わって首座となった。そして、嘉永七年八月に日英和親条約、十二月に日露和親条約、安政二年（一八五五）十二月に日蘭和親条約が、それぞれ締結された。

安政三年七月にハリスが下田《しもだ》に領事として着任し、翌年五月には、ハリスとの間に外国人居住権などに関する下田条約が締結された。この頃より正弘は腹痛に悩まされ、しばしば出仕を欠くようになり、再び老中辞任を申し出たが、許されなかった。閏《うるう》五月九日には、ついに出仕することができなくなり、病床に倒れ

阿部正弘の墓（谷中霊園）

た。六月十六日には危篤状態となり、その翌日に老中在任のまま死去した。享年三十九であった。「良徳院殿高誉信義節道大居士」と諡《おくりな》し、江戸浅草西福寺に葬られた。その跡は、兄正寧《まさやす》の長子である正教《まさのり》を継嗣として養子に迎えた。

阿部正弘の功績

ここで幕政における阿部正弘の意義とその功績について、改めて整理しておこう。第一に挙げられるのは、開国問題である。寛永年間（一六二四～一六四四）の鎖国令以来、二百余年間の旧習を破って、欧米諸国との接触の道を切り開いた意義は極めて大きい。第二としては、広く衆論を採って、幕政と外交を推し進めたことである。特に、徳川斉昭を参与に迎え、福井藩主松平慶永《まつだいらよしなが》・薩摩藩主島津斉彬《しまづなりあきら》といった雄藩大名らと連携を取りながら、事態の収拾を図るといった柔軟な姿勢は、従来の幕府では決してみられなかったものであり、それが結果的には困難な時局に対して、挙国一致体制をもたらした。第三としては、新たな人材登用である。これまでの門閥制度に関わることなく、有能な人材を積極的に幕臣に登用し、幕政の人事を刷新した。

ちなみに、正弘によって登用された人物には、川路聖謨《かわじとしあきら》（勘定奉行）・水野忠徳《みずのただのり》（勘定奉行）・筒井政憲《つついまさのり》（大目付）・堀利熙《ほりとしひろ》（目付）・永井尚志《ながいなおゆき》（目付）・大久保忠《おおくぼただ》

勝海舟肖像写真
（福井市立郷土歴史博物館蔵）

寛《ひろ》（後の一翁《いちおう》）（目付）・岩瀬忠震《いわせただなり》（目付）・竹内保徳《たけのうちやすのり》（箱館奉行）・井上清直《いのうえきよなお》（下田奉行）らがいる。他にも、江川英龍《えがわひでたつ》や高島秋帆《たかしましゅうはん》、後に海軍奉行となる勝安芳《かつやすよし》（海舟）も、その才能によって登用された。そして、西洋砲術の推進、大船建造の禁の緩和といった幕政改革（安政の改革）に取り組み、海防の強化に努めた。

さらに、正弘は講武所や長崎海軍伝習所、洋学所（蕃書調所《ばんしょしらべしょ》）などの各洋学校も新設した。維新後、講武所は日本陸軍、長崎海軍伝習所は日本海軍、洋学所（蕃書調所）は東京大学へと、それぞれ発展を遂げた。

黒船来航をめぐる藩の対応

幕府はアメリカ艦隊の浦賀入港に際し、江戸湾域の警備を諸大名に命じたが、福山藩には直接出動は命じられなかった。しかし、非常時に備えて、江戸より「浦賀表夷船御防御手当テ人足」の派遣が国元に要求され、人足二〇〇人が藩の役人や庄屋に引率されて江戸へ向かっている。

また、黒船来航の騒動で出費が嵩《かさ》んで、財政難に拍車がかかると、領内の富豪層を中心に総額一万両の献金を命じた。加えて、領内の金融事情が混乱状態に陥ると、藩札を金銀に換えることを禁止する札座兌換《さつざだかん》停止の命令を出している。

弘化三年（一八四六）、正弘は異国船の近海出没に備え、天下泰平の世にどっぷ

蕃所調所跡（東京都千代田区九段）

りと浸っていた家臣への軍事訓練の必要性を痛感し、毎年一回福山城内での帯甲調練と城外における兵馬操練の実施を幕府に願い出て、許可を得ている。

正弘の命を受けた家老の内藤角右衛門景堅《かげかつ》は、これまでの甲州流・長沼流の軍学を取捨して「軍役仕組書」を編成し、翌年正月に提出した。さらに、藩士の安藤定虎らに命じ、長沼澹斎《ながぬまたんさい》より会津藩の軍制を伝習させて、軍制改革を行った。それを受けて、正弘は六月に家臣一統に対し、もし異国と戦争になれば多くの兵士が必要となり、そのためには日頃から軍事調練を行うとともに、軍法や規律を遵守しなければならないと諭している。

さらに、福山では城南の別荘を開放して教場にあて、江戸では高田の抱屋敷《かかえやしき》内（現・東京都豊島区）の家屋を取り払って操練場とした。同年十月には福山城内で甲冑操練が行われ、続いて江戸でも実施されるなど、藩の軍制改革を推し進めていった。

嘉永五年（一八五二）六月、正弘は家臣の教育、および文武学校経営のことに関して、重臣へ訓示を行うとともに、「誠之館《せいしかん》御造営御趣意御直書」を江戸と福山にそれぞれ示した。

それは文武一体の教育環境と文武兼備の家臣の養成を目的に、既設の福山の弘《こう》道館《どうかん》★と江戸藩邸内の学問所★を改め、新たに大規模な学校・諸武芸稽古場を設立するというものであった。

阿部正弘像（福山城）

▼弘道館
天明六年（一七八六）四代藩主の正倫によって福山城の西堀端に設立され、安政元年（一八五四）まで存在した藩校。

▼学問所
江戸藩邸内の学問所とは、江戸詰め藩士子弟のために、文政初年に五代藩主の正精によって丸山藩邸内（現・文京区西片）に設立されたものである。

誠之館の設立

嘉永六年（一八五三）には丸山藩邸に、安政元年（一八五四）には福山城南の西町にそれぞれ新たな学問所が設立され、『中庸』★の「誠者天之道也、誠レ之者人之道也」の一節から「誠之館《せいしかん》」と命名し、正弘と親交が深かった徳川斉昭《とくがわなりあき》によって揮毫《きごう》された扁額《へんがく》が玄関に掲げられた。なお、嘉永五年に一万石の加増を受けたことを先に触れたが、その加増分は学館の経営費、すなわち教育費に充てられ、福山・江戸の誠之館を中心とする文武教育の発展が図られた。

福山誠之館の規模は、先の弘道館《こうどうかん》とは比較にならない大きさで、当初は四二〇〇坪、附属の練兵場は一万八〇〇〇余坪であった。館内は学堂を中心として、軍法講学所「先勝堂」・書籍寮、そして各武術稽古場・馬場・倉庫などが設置され、その規模・内容ともに充実したものであった。また、経営には三人の総裁が用人の中から任命され、文武掛御用人・元締め・密書役が直接の運営にあたり、教育掛りには教授・助教・句読師・句読掛り・復読掛り・各武芸師範がそれぞれ任命された。

安政二年正月十六日の開講日には、正弘の『御諭書《ごゆいしょ》』が読み上げられた。弘道館では漢学のみであったが、誠之館では国学・算学・書学・洋学・医学と

▼『中庸』
司馬遷の『史記』では子思の著とされる。もともとは『礼記』中の一編であったが、南宋の儒学者朱熹（一一三〇～一二〇〇）によって「中庸章句」が著され、儒教において「四書」の一つとなった。

徳川斉昭肖像画
（京都大学附属図書館蔵）

ともに、兵学が講じられた。また、諸武芸場には剣術・槍術・弓術・馬術・柔術、および砲術の練習所が置かれた。誠之館は藩士の子弟教育が主目的であったが、弘道館と同様に組に所属する者（足軽身分の者、および社人・町人など）にも入学が許された。ただし、士分以外の武術の習得は禁じられ、出家者や山伏《やまぶし》、虚無僧《こむそう》などの入館は許されなかったという。

　文武奨励の中でも、正弘は特に砲術、および水練を奨励したとされる。藩士の水練のために幕府の施設を開放させ、墨田川河岸に溜小屋を建てて伝習にあたらせた。砲術については従来、藩では荻野流・富岡流を採用していたが、西洋砲術（高島流）の優位性を認識した正弘は、安政初年より江川太郎左衛門《えがわたろうざえもん》の下へ砲術師を入門させ、洋式の銃隊操法や兵法を習得させた。正弘は黒船来航後、江戸藩邸にて従来の旧砲を鋳潰して、新たに銃砲を製造して、不測の事態に備えさせた。福山でも領内の寺院の梵鐘《ぼんしょう》を鋳潰して、数十門の大砲が製造されたという。城下西北の木之庄《きのしょう》村に「大砲御鋳立場《いたてば》」を設けたが、同施設は元治元年（一八六四）八月十日の夜半過ぎ、出火によって焼失した。

　また、小銃についても、「西洋銃ノ職工」（鉄砲鍛冶）を雇い入れ、洋式小銃（ゲベール銃）を鍛造したようである。また、藩では火薬に必要な焔硝《えんしょう》も造っていたことが、文久四年四月に「焔硝製造場」で、原料として使用する薪灰が「多分入用」なので、他領への売出しを禁止し、領分中の者への売渡しのみを許すという

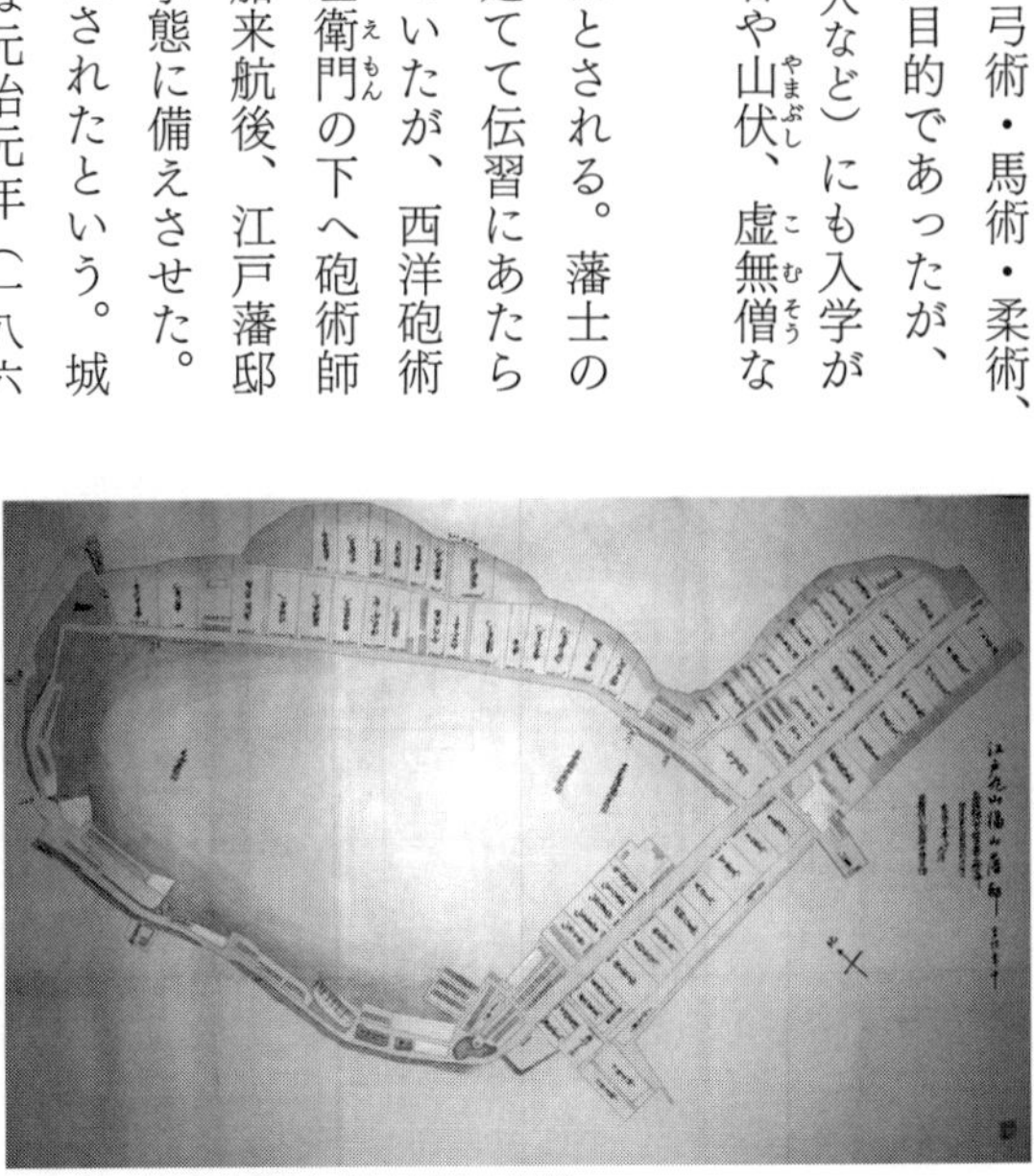
江戸丸山福山藩邸図（福山城博物館蔵）

▼中浜万次郎
一八二七〜一八九八。ジョン万次郎ともいう。土佐国の漁師で、天保十二年（一八四一）に台風で漂流するがアメリカの捕鯨船に救助される。その後、アメリカで勉学し、嘉永四年（一八五一）に帰国した。黒船が来航すると、阿部正弘によって幕臣となった。

史料からうかがい知ることができる。

さらに、正弘は蒸気船の建造を計画し、中浜万次郎《なかはままんじろう》★に命じて見本を造らせたが、残念ながら造船に着手する前に没してしまう。この計画は正教《まさのり》に受け継がれ、さらに次代の正方《まさかた》が襲封した文久元六月一日に鞆津で「順風丸」（二〇七トン）が起工され、翌年の六月に進水し、九月に竣工を迎えている。

「仕進の法」

嘉永六年（一八五三）、黒船が一旦退去した後、正弘は重臣を集め、未曽有の国難に対して「先ツ吾藩ヨリ先鞭ヲ着ケ、文武ヲ引立テ士気ヲ振ハシムル手段第一急務ト思フ、因テ先ツ学制ヲ改革スヘシ」という強い意志を示し、藩政改革に取り掛かっていく、それはまさに「隗《かい》より始めよ」というものであった。

誠之館の設立とともに力を注いだのが、同年七月に発せられた「文武御引立ニ付御趣法御改」である。これは従来中士以上の嫡男は、十七歳になると文武修行の有無にかかわらず、家職として仕進《ししん》していた制度を廃し、まず槍・剣・砲・弓術（後に弓術は除く）のうち一科目を修め、加えて漢学との考試《こうし》（試験）を行い、その等位によって仕進の法を定め、不合格者は戸主といえども職に任ぜず、また反対に、二・三男でも文武の考試に合格すれば禄を給し、別に家門を開くという

阿部正教肖像画
（福山市歴史資料室蔵）

順風丸「大日本海志編纂資料明治維新当時諸藩舟艦船図」より（東京大学駒場図書館蔵）

ものであった。そして、誠之館の開学時に示された学政の大要にも、士分以上の子弟は必ず文武を兼修すべく、もし文武両科を修めない者には、仕進を得ないことが明示された。

しかし、こうした藩士の登用制度は、従来の仕進制度を大きく変革するもので、当時の封建家臣団における長男仕進の制度に大きな恐怖を与えるものであった。そのため、家中においては藩主・家老を怨望した落首《らくしゅ》・俗謡《ぞくよう》が作られたという。新たな「仕進の法」については、門田堯佐《もんでんよしすけ》（朴斎《ぼくさい》）らの儒者から強い反対がみられたが、正弘はそれを押し切って断行した。そこには人材の養成と登用を重視した正弘の並々ならぬ決意をみてとることができよう。

不幸にも藩政改革の道半ばで正弘は早世してしまうが、その方針は次代の正教《まさのり》・正方《まさかた》へと受け継がれていった。考試制度は若干の変更がなされるものの、文武奨励は引き続き厳しく布達《ふたつ》されている。また黒船来航以来、足掛け十年を経た文久二年（一八六二）には藩の砲術が洋式に統一され、正弘の悲願でもあった軍制改革が成し遂げられたのである。

門田堯佐（朴斎）
（園尾 裕写真提供）

門田屋敷跡

門田堯佐（朴斎）夫妻の墓

5

瀬戸内海の要津――鞆の浦

古くは万葉の時代から、潮待ちの港として知られる鞆の浦は、重層的な歴史文化を有した内海屈指の港湾である。江戸時代には海駅として整備され、国内の人・モノ・情報の集散は言うまでもなく、海外（朝鮮・琉球・オランダ）にも開かれるなど、その隆盛を極めた。

「潮待ちの港」の歴史文化

瀬戸内海は、本州島・九州島・四国島の三つの島に囲まれた東西約四五〇キロメートル、南北約一五～五五キロメートル、面積は約二三〇〇〇平方キロメートル、平均水深は三八メートルの日本最大の内海である。満潮時には東の紀伊水道と西の豊後水道から入る東西の潮流が瀬戸内海の中央部で合流し（上げ潮）、干潮時には、その逆の現象が起こり（下げ潮）、それが一日二回、規則正しく繰り返されている。潮汐《ちょうせき》の干満差は大きく、一～四メートルにもおよぶ。

沼隈半島の東南端に位置する鞆《とも》の浦《うら》（以下、鞆）の沖合が瀬戸内海の分水嶺であるため、多くの船はその潮目を気にしながら、東西の航行を行う必要性があった。こうした地理的環境から、鞆は「潮待ちの港」として広く知られ、歴史的に

鞆の浦全景

も重要な舞台となるのである。
古くは奈良時代にまで遡り、『万葉集』（巻三）の天平二年（七三〇）十二月、大伴旅人《おおとものたびと》が赴任先の大宰府から任期を終え、帰京のする際に鞆で詠んだ歌がある。そのうちの一首が有名な「吾妹子《わぎもこ》が見し鞆の浦のむろの木は常世《とこよ》にあれど見し人ぞなき」★である。また、天平八年の遣新羅使《けんしらぎし》一行が詠んだ歌もある。

中世になると、治承《じしょう》・寿永《じゅえい》の乱★では奴可《ぬか》入道西寂《にゅうどうさいじゃく》が鞆から戦船を繰り出し、伊予国の河野《こうの》氏と戦ったことが『平家物語』に、また平家方に六〇人力の鞆六郎の名が『源平盛衰記』に記述されている。また、建武三年（一三三六）には多々《たた》良浜《らはま》の戦いで勝利した足利尊氏《あしかがたかうじ》が上京する途中、この地で光厳《こうごん》上皇より新田義貞《にったよしさだ》追討の院宣《いんぜん》を賜っている。また、南北朝動乱期の貞和五年（一三四九）には尊氏の庶子であった直冬《ただふゆ》は長門探題《ながとたんだい》に任命されると、その拠点を鞆に置いた。

時は下って、天正四年（一五七六）室町幕府の十五代将軍足利義昭が織田信長により京を追放された後、毛利氏を頼ってその被官であった山田（現・福山市熊野町）の渡辺氏による援助で鞆に拠点を移し、信長打倒の機会をうかがった。なお、足利幕府を構成していた伊勢《いせ》・上野《うえの》・大館《おおだち》といった名家の子弟も、義昭に従って鞆に下向していた様相から、「鞆幕府」と呼ばれている。そうした歴史を踏まえて、江戸時代後期の歴史家である頼山陽《らいさんよう》は、その主著『日本外史《にほんがいし》』にて「足利（室町幕府）は鞆で興り鞆で滅びた」と明快に喩《たと》えている。

大伴旅人の歌碑

▼吾妹子が見し……
生前に妻が見た鞆の浦のむろの木は、今も変らずにあるけれど、それを見た妻は今はいない。

▼治承・寿永の乱
平安時代末期の治承四年（一一八〇）から元暦二年（一一八五）にかけての六年間にわたる大規模な内乱。

足利義昭の木像
（惣堂明神社蔵）

さらに、江戸時代になると、地政学的に重要な位置にある鞆は、海駅として各施設の整備が進められていく。既述したように、慶長六年（一六〇一）芸備両国の新領主となった福島正則は、新たに鞆に城を築き、城下町を建設している。元和五年（一六一九）に入封した水野勝成は、鞆に上陸した後に神辺《かんなべ》城へと向かうが、鞆城には嗣子《しし》である勝俊がしばらく滞在し、「鞆殿」と呼ばれたという。勝俊が藩主となって以降は、鞆町奉行所が置かれ、その管理が行われた。

藩にとって、鞆は海の玄関口であり、まさに城下の外港に位置付けられる経済的拠点であった。

他国商事と取引商品

鞆では、町の有力者層が船宿《ふなやど》★を経営し、いわゆる「他国商事★」や「中継商業」で発展を遂げた。そうした中で、入港船を奪い合うことが多発し、入港船からは不評を買って、結果的に鞆商業の衰微に繋がる事態になった。そこで証拠として「客船帳」を作成して、鞆町奉行へ提出して互いに規制することとなった。

他国船の誘致事業として、港湾整備に加えて富籤や芝居興業といった娯楽が行われた。さらに、鞆でも遊郭が道越《みちごえ》町内の有磯《ありそ》町に形成され、近世初期には奈良屋・広嶋屋・黒格子屋・吉野屋の四軒が株として公認されており、「四軒屋」と

『日本外史』
（国会図書館蔵）

伝・鞆城鬼瓦
（福山市鞆の浦歴史民俗資料館蔵）

▼船宿
船宿は問屋としての機能を有し、入港した他国船に対して宿泊・生活必需品の調達・商品の売買など一切の世話を行った。また、問屋は営業権（問屋株）を確立する中で、得意先・取引先を固定化していき、各藩の御用商人をも務めた。

呼ばれた。主要な取引商品としては、米穀、干鰯、種粕、紙、茶、煙草、鉄、蠟燭、網、木綿、畳表、莚類、碇、船釘などがありそれらを、問屋では①中継的商業、②積出し商業、③買入れ商業の三者で取り扱った。また、木綿類には「福山(備後)古手《ふるて》」と称された古着が北前船の戻り荷として盛んに積み出された。

鞆の商業は他国商事がその中心であったため、商取引には多くの商金銀を必要とした。領内の流通は藩札に限られ、正金銀の通用が禁止されていたが、鞆における他国商事に関しては、正金銀を札座《さつざ》で引替えることが認められていた。安永三年(一七七四)には、城下での引替えが不便であるということで、鞆に札座が設置された。また、明和八年(一七七一)には、他国商事取引の資金融通を目的として、問屋・仲買層で構成された「擁護銀《ようご》★(講)」の制が導入された。

その他、鞆の他国商事における資金調達に大きな役割を果たしたのが、寛政五年(一七九三)に導入された「敬重銀《けいちょう》★」である。

すでに水野氏時代から港湾の浚渫《しゅんせつ》など、海駅として整備されてきたが、寛文十二年(一六七二)河村瑞賢《かわむらずいけん》★によって西廻り航路が開発されると、さらに発展を迎えることとなる。幕府公用船、および参勤交代における諸大名の航行に対して、宿泊所(本陣)が置かれ、安永の頃までは土佐屋、文化の頃には大坂屋(上杉家)がこれに代わって幕末に至っている。

▼他国商事
他国の物資を仕入れて、自国で売り捌くこと。また、自国の物資を他国へ売り捌くこと。

▼擁護銀
これは一種の頼母子講であったが、問屋・仲買商人の有志による私的な講ではなく、町行政の一環として位置付けられたものであった。

▼敬重銀
これは藩から毎年銀一貫五〇〇目を九ヵ年間(計一三貫五〇〇目)永借銀として鞆町救済基金に与えられたもので、さらにこの年から六ヵ年間に銀一貫目から五〇〇目まで計四貫五〇〇目を無利息で貸し付けられた。四貫五〇〇目の銀は七年目から毎年五〇〇目宛を藩へ返済し、九ヵ年間で完済するという仕組みで、「敬重銀趣法」や「敬重銀仕様書」に則って、運用が行われた。

▼河村瑞賢
一六一八〜一六九九。江戸時代前期の商人・土木事業家。伊勢国度会郡に生まれる。江戸で材木業を営み成功する。その後、幕命により航路(東廻り航路・西廻り航路)を開き、海運の発展に尽力した。

朝鮮通信使の寄港

さらに、鞆には朝鮮通信使や琉球使節、オランダ商館長の一行が寄港した。朝鮮からの使節は、江戸時代を通じて前後一二回訪れている。慶長十二年（一六〇七）から三次にわたる「回答兼刷還使《かいとうけんさっかんし》」と、寛永十三年（一六三六）から八次にわたる「通信使」がそれぞれ鞆に寄港している。

通信使を迎えるにあたって、幕府は往復ルートの大名へ通信使接待を命じた。そのため、各藩では事前に通信使の人数や旅程の情報を得て、使節の宿泊所はもちろんのこと、供応する料理や進物についてなど細かな対応に追われた。福山藩では家老・郡奉行・鞆町奉行・船奉行をはじめ、大人数を派遣してその接待にあった。費用はすべて藩の負担であり、藩では村々に割符してそれを取り立てた。

鞆における通信使の入港と接待役をみてみると、慶長十二年と元和三年（一六一七）は福島正則《ふくしままさのり》、寛永元年（一六二四）と寛永十三年は水野勝成《みずのかつなり》、寛永二十年は勝俊《かつとし》、明暦元年（一六五五）は勝貞《かつさだ》、天和二年（一六八二）は勝種《かつたね》、正徳元年（一七一一）は阿部正邦《あべまさくに》、享保四年（一七一九）は正福《まさよし》が接待役を務めている。なお、享保四年の製述官であった申維翰《シンユハン》（青泉）の使行録である『海游録《かいゆうろく》』には、往路復路における鞆での滞在の様子が記されている。

福禅寺「対潮楼」からみた仙酔島
（福山市文化振興課写真提供）

往時の福禅寺「対潮楼」

寛延元年（一七四八）には正福が大坂城代であったため、宇和島藩主伊達《だて》村候《むらとき》が接待役を務めた。その際には「御用掛り」として、豊後代官岡田庄大夫・越前代官宮村孫左衛門が、それぞれ三〇人余の者を引き連れて鞆へ出張した。また、藩からも年寄三浦吉左衛門以下三五〇人余の者が鞆へ出張するとともに、鞆在番の町奉行以下二四人がそれに加わった。次いで、宝暦十三年（一七六三）には正《まさ》右《すけ》が京都所司代であったため、豊後国岡藩主中川久貞《なかがわひささだ》が接待役を務めた。その際にも「御用掛り」として、豊後代官揖斐十大夫《いびじゅうだゆう》と石見国代官川崎平右衛門が任命され、寛延元年と同規模の接待が行われた。ところで、第一次から第三次までの使節は船中泊であったが、正史・副使・従事官の三使《さんし》上官の鞆の浦における宿泊所は福禅寺《ふくぜんじ》★で、その他一行の宿泊所は各寺院があてられたが、それでも収容しきれずに商家もあてられたという。まさに町を挙げての対応ぶりであった。

福禅寺は、鞆に所在する古刹の一つで、天暦四年（九五〇）に空也《くうや》上人が開祖と伝えられる。本堂に隣接した客殿は元禄年間（一六八八〜一七〇四）に建立されたもので、眼下には弁天島や仙酔島《せんすいじま》などの瀬戸の島々を望むことができる。正徳元年（一七一一）における正使の趙泰億、副使の任守幹、従事官の李邦彦《イバンオン》ら八人の上官が滞在した際、その眺望を「日東第一形勝」と称賛し、それを李邦彦が揮《き》毫《ごう》した。また、延享五年（一七四八）の正使であった洪啓禧《ホンケヒ》によって「対潮楼《たいちょうろう》」と命名され、その息子の洪景海《ホンキョンヘ》が揮毫した。なお、「日東第一形勝」（日本一の景

▼福禅寺
寛延期では福禅寺に井戸がなく水利も不便で、かつ門前も狭く断崖に立地し、火災時には避難が困難ということで、従来の慣例を破って三使の宿泊所を阿弥陀寺とした。すると、福禅寺からの眺望を楽しみにしていた使節側は、非常に残念がったと伝えられており、帰途には福禅寺に宿泊している。

「日東第一形勝」の額字
（福山市文化振興課写真提供）

勝）と「対潮楼」の両書は、後に前者は菅茶山《かんちゃざん》によって、後者は阿部正福《まさよし》によって扁額《へんがく》に仕立てられ、同寺に寄贈されて現在も客殿に掲げられている。その他にも、同寺には通信使が詠んだ漢詩やその版木が多数遺されている。平成六年（一九九四）十月十一日には「朝鮮通信使遺跡　鞆福禅寺境内」として、国史跡に指定されている。加えて、平成二十九年十月三十一日には『朝鮮通信使に関する記録』★が、ユネスコ「世界の記憶」として登録された。

琉球使節・オランダ商館長一行の寄港

琉球使節は「江戸上り」とも呼ばれ、琉球王国から幕府へ派遣された使節である。薩摩藩による琉球侵攻後の寛永十一年（一六三四）から嘉永三年（一八五〇）まで、一八回にわたって派遣された。使節には「慶賀使《けいがし》」と「謝恩使《しゃおんし》」があり、前者は琉球国王即位の際に派遣され、後者は徳川将軍襲職の際に派遣された。なお、明治六年（一八七三）にも慶賀使が上京している。

正使は王子、副使は親方《ウェーカタ》★が務め、使節団は一〇〇人近い人数で構成され、薩摩藩が随行した。琉球から船で九州西部、そして通信使と同じく、瀬戸内海を航行して、大坂の淀川を遡上して、京都伏見から陸路で江戸へと向かった。往復の行程は一年間にもおよぶ長旅であった。寛政二年（一七九〇）十月十三日に

▼『朝鮮通信使に関する記録』とは、三三三点の資料群（日本側二〇九点・韓国側一二四点）からなり、そのうち福禅寺の所蔵資料としては、①「日東第一形勝」額字、②「対潮楼」額字、③朝鮮通信使正使 趙泰億詩書、④朝鮮通信使副使 任守幹詩書、⑤朝鮮通信使従事官 李邦彦詩書、⑥韓客詞花の六点がある。

▼親方
琉球王国の称号の一つ。王族の下に位置し、琉球士族が賜ることのできる最高の称号。

鞆で亡くなった使節団の司楽《しがく》であった向生《しょうせい》は、薩摩藩の御用商人猫屋の菩提寺である小松寺《こまつでら》に埋葬された（享年二十二歳）。寛政八年の謝恩使の帰路、向生の祖父（三司官）と父（親方）は小松寺に墓参して、琉球へ遺骨を持ち帰った。その際、同寺に寄進された『容顔如見《ようがんじょけん》』の扁額は、現在も本堂に掲げられており、また境内には「琉球《りゅうきゅう》司《し》楽《がく》向生《しょうせい》碑《ひ》」が遺されている。

オランダ商館長（カピタン）の江戸参府は、日蘭貿易の「御礼」のためで、「御礼参り」や「拝礼」とも呼ばれた。慶長十四年（一六〇九）、オランダ国王使節のニコラース・ポイクによる駿府での徳川家康との謁見を嚆矢として、平戸に商館が置かれて以降、不定期ではあったものの、江戸参府は行われ、寛永十年（一六三三）からは毎年春一回に定例化された。寛永十八年平戸から長崎出島へ商館が移されても、参府は続けられ、寛政二年には四年に一回と改定されたものの、嘉永三年（一八五〇）まで計一六六回にわたった。

その行程は往路復路でルートが異なる場合もあったようだが、一般的には長崎から陸路で小倉《こくら》まで向かい、小船で下関《しものせき》へ渡り、そこから瀬戸内海を航行した。兵庫からは陸路で大坂・京都を経て、東海道で江戸へと向かった。その往復には約三ヵ月を要した。なお、元禄四年（一六九一）の江戸参府に随行したケンペルの『江戸参府旅行日記』や、同じく文政九年（一八二六）の江戸参府に随行したシーボルトの『江戸参府紀行』には、鞆に寄港した際の情景が記されている。

琉球司楽向生碑

シーボルト肖像画
（国立国会図書館蔵）

これも福山

堂々川の砂留群

堂々川《どうどうがわ》は、福山市神辺《かんなべ》町中条《ちゅうじょう》の東山を水源とし、芦田川《あしだがわ》の支流である高屋川《たかやがわ》に合流する約四キロメートルの河川である。

堂々川流域の山塊部は花崗岩の地質で、風化した真砂《まさ》土が流れ込み易い状況にある。普段は水量の少ない天井川ではあるが、一旦大雨に見舞われると、水量を増してその名の通り「どうどう、どうどう」と暴れ川となって、下流域を襲った。

延宝元年（一六七三）五月には、豪雨により上流の大原池の堤防が決壊し、下流の下御領《しもごりょう》村に多量の土砂が流れ込み、六三人の死者が出ている。また、戦国期に神辺城主であった杉原盛重によって再建された備後国分寺も一瞬にして倒壊したと伝えられている。国分寺周辺の発掘調査では、厚く堆積した洪水層が確認されており、その被害の大きさを物語っている。また、境内には二百五十回忌にあたる大正十一年（一九二二）に、地元の篤志家によって溺死者供養塔が建立されている。

堂々川6番砂留（福山市文化振興課・写真提供）

国分寺が位置する付近は、古代山陽道の推定ルートであるとともに、近世山陽道（西国街道）のルートでもあった。したがって、堂々川における土砂災害対策は、藩にとって非常に重要な施策であったものと考えられ、速やかに堂々川筋には六基の砂《すな》留《どめ》が造営された。

その中でも堤長五五・八メートル、高さ一三・三メートルで、国内最大級の規模を誇る六番砂留は、表面を大型の割石で階段状に積み上げ、背後には栗石《ぐりいし》や割石を詰めて固定させる、いわゆる「石塊段積（鎧《よろい》積《づみ》）」の技法で構築されている。その基底部は安永期（一七七二〜一七八一）に築造されたとされ、それ以降も天保六年（一八三五）、明治十五年（一八八二）、昭和時代に繰り返し増改築が行われ、現代に至っている。

現在、堂々川の砂留群は一番砂留から六番砂留の六基をはじめ、その支流にも内広《うちひろ》砂留と鳶ケ迫《とびがさこ》砂留などがみられ、これらの砂留はいずれも平成十八年八月三日に登録有形文化財にとなっている。また、昭和五十二年（一九七七）から堂々公園が整備されるとともに、平成十八年四月には「堂々川ホタル同好会」が結成され、ホタルの住める環境の保全・再生を図りながら、砂留を保護していく活動が行われている。

これも福山

一般財団法人「義倉」

明治以降、飢饉などの救済は、新政府によって行われ、全国各地にあった義倉《ぎそう》や社《しゃ》倉《そう》の類は、その使命を終えたとして解散・廃止となる中、福府《ふくふ》義倉は飢饉救済事業を政府に委ねたものの、従来の文化教育活動を軸に事業を継続するのである。

余談ながら、明治四年（一八七一）の廃藩置県後、藩は義倉諸出し金のうち、御家中仕向け銀・義倉年番御掛り役料・神社仏閣修理料・神仏、および医学生留学費・旧家救い銀などの廃止を示達したことで、以降は実質的に運営にあたった創立人の河相《かわい》・信岡《のぶおか》・神野《かんの》・石井《いしい》・大戸《おおと》ら五家が協議して出し金方法を定めることになった。

明治五年五月、義倉は小田《おだ》県庁へ保護監督の申請を行った。明治七年十一月、県に義倉取調べ掛りが設置され、保護監督をする旨の通達があった。と同時に、義倉規則の改正を行った。また、この間に発生した災害についても、義倉は旧藩領内に留まらず、臨時の救助金の支出を行っている。明治七年には、岡山県の補助を受けて、福山と笠岡の有志者と協同で「笠岡製糸場」を設立した。その他、郡農会の技術員給料の負担、農産物、工産物品評会への補助、明治六年小田県の小学校教員養成所設置への寄付といった事業を行った。

明治三十二年十一月二十五日には財団法人となり、金融機関や義倉田耕作地の収益を基金として、育英奨学資金の貸与、小学校設備費の充実、公益義倉質店経営、各種団体への寄付・献金などを行い、明治四十三年には「義倉図書館」設立、戦後の昭和二十七年（一九五二）には「義倉女学園（後、義倉女子専門学校）」を設立するなど、福山における地域社会の発展に多大なる貢献があった。

昭和二十年八月八日の福山空襲により、義倉図書館をはじめ諸施設が灰燼に帰し、続く昭和二十二年農地改革によって、義倉がこれまで営々と集積してきた百数十町歩の広大な農地を失うこととなった。

そうした苦難を乗り越えながら、平成三年（一九九一）には学校の終焉を機に、明治三十二年以来の寄附行為を改正し、福山市を中心に周辺地域の福祉・教育・殖産の三分野において、様々なボランティア活動への援助や、教育文化の向上および地場産業推進・振興のための資金を拠出して寄付・助成活動が行われている。

また、平成二十年十二月一日には公益法人制度改革により、平成二十四年四月一日に「一般財団法人「義倉」」として改組され、その事業活動は現在に至るまで連綿と続けられていることは大いに評価されるべきである。また換言すれば、義倉は誇り得るべき当地域の歴史文化遺産といえよう。

なお、福府義倉と同じように、そうした流れを継承して現在まで活動している団体としては、秋田市の「感恩講《かんのんこう》」があり、現在も「社会福祉法人 感恩講児童保育院」として活動が続けられている。

これも福山

「菅茶山」の遺産

旧福山藩内における菅茶山《かんちゃざん》に関する文化財（史跡・歴史資料）としては、以下のようなものがある。

「廉塾《れんじゅく》ならびに菅茶山旧宅」は、敷地内の講堂・寮舎は桟瓦葺《さんかわらぶき》で平屋建て、居宅は桟瓦葺の二階建てで、近世の地方における教育施設として数少ない例として、昭和二十八年（一九五三）三月三十一日に国の特別史跡に指定されている。

菅茶山の墓

黄葉山の麓にある「菅茶山《かんちゃざん》之墓《のはか》」は、木造平屋建瓦葺の中に墳墓と墓碑があり、墓碑の撰文は頼《らい》杏坪《きょうへい》で、題額の「茶山先生菅君之碑」は日野《ひの》資愛《すけなる》の書で、昭和十五年二月二十三日に県の史跡に指定されている。

「菅茶山関係資料《かんちゃざんかんけいしりょう》」は、茶山が詠んだ漢詩集の草稿等の各種草稿類をはじめ、日記類、典籍類、書状類、茶山に贈られた書画・器物類等の一括資料群（著述稿本類六四七点、文書・記録類六三一点、書画類三三一点、書状類九三九点、典籍類二七〇六点、絵図・地図類四四点、器物類七一点の合計五三六九点）である。これらは菅茶山の儒者、漢詩人としての思想・思索およびその形成過程を知ることのできる最も重要な資料であるとともに、茶山を中心とする近世の文人の交友を具体的に示す貴重な資料として、平成二十六年（二〇一四）八月二十一日に国の重要文化財に指定された。

菅茶山記念館

なお、文化財指定の菅茶山資料を含めた一万点におよぶ「黄葉夕陽文庫《こうようせきようぶんこ》」は、平成七年に子孫の方から、ふくやま草戸千軒ミュージアム（広島県立歴史博物館）へ寄贈されて、調査・研究・展示が継続的に行われている。

その他にも、地元の神辺町《かんなべ》には「菅茶山記念館」が平成四年十一月三日に開館し、館では茶山をはじめとする文人や神辺ゆかりの画家達の作品を収集・調査研究・展示が行われている。

これも福山

その後の誠之館

明治を迎えると、十代藩主の正桓《まさたけ》は浜野《はまの》章吉《しょうきち》（箕山）を誠之館の教授とし、彼の家塾の教則を採り入れて学制改革を行うとともに、鞆《とも》、府中市《いち》村、安那《やすな》郡山野《やまの》村に分校を設置するなどして教育を奨励した。誠之館では漢学を廃して、普通学科を設け、翻訳書や新たに編纂した和文教科書を用いた教育が開始された。

さらに、女子のために明治三年（一八七〇）年十二月に西町と東町の二ヵ所に女学校を設立し、誠之館の支校とした。廃藩置県後も県の管轄下で、これまで通りの教育活動を行っていたが、明治五年十月十九日に廃校となり、弘道館創設以来の八十六年、誠之館改組以来の十八年にわたる藩校の歴史に幕を閉じることとなった。

しかしながら、明治五年八月に「学制」が頒布されると、教員の確保・養成が重要な課題となった。そうした中、明治九年五月に義倉社、資学社、六郡社倉、福山社倉が年々校費のうち八〇〇円を寄付するので、旧誠之館を師範学校兼変則中学科としてもらいたい旨を県へ願い出た。

県はこれを採用して、六月二十四日「広島県公立師範学校分校」が設立された。その後、明治十一年十二月に「広島県福山師範学校」と改称された。しかし、小学校教員の養成は広島師範学校の一校で十分であり、小学校を卒業した生徒が増加して中学校の設立が急務であるという理由から、明治十二年六月に廃校となった。

そして、廃校後は「広島県福山中学校」となり、明治三十四年六月には「広島県立福山中学校」、昭和二年（一九二七）九月には「広島県立福山誠之館中学校」と改称され、昭和二十三年戦後の学制改革により旧制中学校が廃止され、新制高等学校「広島県立福山誠之館高等学校」となり、現在に至っている。

福山誠之館高等学校記念館
（福山市文化振興課・写真提供）

なお、誠之館は当初の地からこれまで二回移転しているが、昭和八年当初の学堂の玄関部分と新築の主屋を組み合わせた建物が移築され、現在の所在地である福山市木之庄町に「福山誠之館高等学校記念館（旧藩校玄関）」として遺されている。木造平屋建て入母屋造桟瓦葺きの構造で、近世の雄大な唐破風《からはふ》玄関と近代の入母屋造の主屋が巧みに融合した構成で、和風の意匠と造形の連続性をよく示しているということで、平成十三年（二〇〇一）十月十二日に国の登録文化財になった。

また、江戸の丸山《まるやま》藩邸（中屋敷）の方にも、誠之館に因んだ「文京区立誠之小学校」が現在もみられる。

これも福山

雲の伯爵 阿部正直

廃藩置県後、東京府東京市本郷区（現・東京都文京区西片《にしかた》）に移り住んだ阿部正桓《まさたけ》は、明治十七年（一八八四）伯爵に叙された。その正桓の長子として、正直《まさなお》は明治二十四年に生まれた。正直は幼い頃より、父の影響から写真や映画に興味関心を示し、華族という恵まれた家庭環境から、当時は高級品であったカメラや映写機にも触れていた。こうしたフィルムの知識や技術が、後の雲の研究へと繋がっていくことは興味深い。

正直は学習院初等科・同中等科、第八高等学校を経て、大正十一年（一九二二）に東京帝国大学理学部を卒業した。また、その間の大正三年には父の死去に伴い、家督を相続して伯爵を襲爵《しゅうしゃく》した。正直、二十四歳のことである。

阿部正直博士（阿部正実写真提供）

大学卒業後の大正十四年、理化学研究所写真乾板の物理的研究嘱託となり、同年に寺田寅彦博士より雲の撮影による観測を奨められた。そして、翌年の夏に静岡県御殿場市で廻転雲形を撮影したことを機に、昭和二年（一九二七）本格的な活動拠点として「阿部雲気流研究所」を同市に設立した。以来、そこではシネマ・ステレオ写真・測風気球をはじめとする各観測用具を使って、富士山における雲の形と気流に関する調査・研究が進められた。

戦時中の昭和十二年には中央気象台委託観測所となり、正直も気象観測事務嘱託となった。また、御殿場に雲気流参考館（後に「阿部雲気流博物館」と改称）を設立し、一般に公開した。昭和十六年十月十三日には、「山雲の形と気流」で東京帝国大学より理学博士の学位が授与され、昭和二十年には「山雲及山の気流に関する研究」により、帝国学士院より伯爵鹿島萩麿《かしまはぎまろ》記念賞を受賞している。

その後も、中央気象台に勤務し、昭和二十四年六月三十日に五十八歳で退職した。晩年の昭和三十年には私立阿部幼稚園を創立し、園長として幼児教育に尽力し、園長在職中の昭和四十一年七十五歳で死去した。

残念ながら、昭和四十三年には、阿部雲気流博物館が閉館となったが、『阿部雲気流博物館資料』については、平成二十五年（二〇一三）御殿場市へ寄贈され、現在では同市内に所在する「富士山樹空の森」で収蔵・展示がなされている。その他にも、同年に博士が遺した貴重で膨大な資料群が東京大学総合研究博物館へ寄贈され、同館で行われた展示によって、博士の業績は国内外で再評価を受けている。

第五章 幕末・維新期の動乱と御一新

動乱期における譜代藩としての針路、その果ては箱館戦争への参戦。

防地峠の藩境碑（福山領側）

◆1 譜代藩としての動向―転戦する福山藩

幕末という激動の中、有力譜代大名として歴代幕閣の要職を務めてきた阿部家も、その時代の波に大きく翻弄されることとなる。第一次・第二次の幕長戦争へ参戦し、大政奉還・王政復古を経て、ついに福山藩は進退去就を決し、新政府軍として箱館戦争に参戦する

禁門の変

黒船来航と将軍継嗣問題の内憂外患《ないゆうがいかん》に揺れる中で、それを打破しようと社会も大きく動いていった。尊王攘夷派と公武合体派による対立が激化し、文久三年（一八六三）には「八月十八日の政変」が起こり、三条実美《さんじょうさねとみ》をはじめとした急進的な七人の尊攘派公家と、その背後にあった長州藩が朝廷から追放された。

しかし、翌元治元年（一八六四）七月、来島又兵衛《きじままたべえ》や真木和泉《まきいずみ》（保臣《やすおみ》）らに率いられた長州藩兵が上洛し、藩主の毛利敬親《もうりたかちか》と継嗣の定広《さだひろ》（元徳《もとのり》）、および七卿《しちきょう》の赦免と入京許可を要求した。当時、福山の海陸を通過し、上洛する長州藩兵について、「長州軍当月十六日ヨリ廿日頃迄ニ次第ニ上リ船有レ之凡弐百七十艘斗と申噂也、鞆津江泊船ニ相成候、公家御七卿を始若殿様も御上京ニ相成リ候風聞也、御当

阿部正方肖像画
（福山市歴史資料室蔵）

国ヨリも鞆津江御役人かた御出張ニ相成リ候、長州ヨリ馬三百疋程十九日廿日両日ニ神辺駅通行有之由也」（長州軍が今月十六日から二十日頃までに約一七〇の船で鞆に停泊したという。また七卿をはじめ、若殿（長州藩継嗣毛利定広）も一緒に京都へいくとの噂があり、藩の役人が鞆へ出張している。長州から、三〇〇頭ほどの馬が十九日、二十日に神辺を通過した）（『土屋家日記』）とある。七月十九日、禁裏御守衛総督であった一橋慶喜《ひとつばしよしのぶ》は、京都守護職（会津藩）、京都所司代（桑名藩）を中心とした京都守備兵を率いて、長州藩兵と京都御所の蛤御門《はまぐりごもん》付近において武力衝突した。その結果、長州藩兵は国元へと敗走していった。

こうした形勢に対し、福山でも尊王攘夷論が強く、大森操兵衛《おおもりそうべえ》（遠水《えんすい》）・安藤《あんどう》織馬《おりま》（藤斎）・吉田助左衛門《よしだすけざえもん》（水山《すいざん》）・山岡治左衛門《やまおかじざえもん》（秋厓《しゅうがい》）・関藤藤陰《せきとうとういん》（石川和介）・江《え》木繁太郎《ぎしげたろう》（鰐水《がくすい》）・門田堯佐《もんでんよしすけ》（朴斎《ぼくさい》）らを中心として、長州藩に同情的であったようで、禁門の変の報が伝えられると、事後対応の周旋のため藩士が上洛している。

第一次幕長戦争

七月二十三日、御所に銃砲を向けた長州藩を朝敵とし、朝廷は幕府へ長州征討を命じた。幕府は八月十三日、尾張前藩主の徳川慶勝《とくがわよしかつ》を総大将として、西国を中心とした三五藩に出兵を命じた。九代藩主の正方《まさかた》も、広島・備中松山・信州上田

▼江木繁太郎（鰐水）（一八一一〜一八八一）。福山藩の儒官。維新後、福山の地域振興に尽力する。

江木繫太郎（鰐水）
（園尾 裕写真提供）

の各藩とともに、先鋒として出兵することとなり、広島藩に続く山陽道討手二ノ先（二番手）を命じられた。

九月十日には備後《びんご》一宮《いちのみや》である吉備津神社にて、藩兵の武運長久、領内郡中の静謐、および豊作祈願の御祈禱が行われ、藩主の名代で高野平治が参詣し、御神酒が領民一統に与えられた。

また、出陣に伴う陣夫《じんぷ》（輜重隊）として「御用人夫」が領内に課せられ、全領より二二七〇余人が徴発され、十月末に福山城下へ集結した。、最善寺・賢忠寺・大正寺・道証寺・一心寺・浄願寺・光政寺・洞林寺・光善寺・寂円寺・弘宗寺の一一ヵ寺に宿泊し、領内庄屋が最善寺に会所を置いて、藩命をもって宿割・食事の用意・部隊編成などにあたった。御用人夫の部隊は、一手（十一月一日出立）、二手（二日出立）、三手（三日出立）、兵糧御擣屋掛《ひょうろうおつきやかか》り（三日出立）の四部に分けられ、一一人の庄屋が「人足纏い庄屋」として一行とともに出陣した。また、出兵にあたっては、郡御奉行・御代官・御役方・御同心・世話役年番ら十数人が領内村々を廻村して、他領からの不審者に備えるなど、治安対策の心得を郡中領民に諭している。

一方で、藩は十月二十四日と二十六日に先遣隊を出発させ、陣屋や兵糧小屋などの設営にあたらせた。二十八日、正方は御屋形大書院に重臣を召集し、出兵につき「一様に至誠尽忠」を致すべきことを言い渡した。十一月一日には先鋒右備

防地峠の藩境碑（広島領側）

え、二日には先鋒左備え、三日には正方の本陣が出発した。約六〇〇〇人の福山藩兵は、尾道《おのみち》・本郷《ほんごう》・四日市《よっかいち》・海田市《かいたいち》に宿泊しながら、広島に到着すると、正清院など一五ヵ寺に宿陣した。

また、広島に向かう諸藩の兵が領内を通過した際には、御年寄三浦十郎左衛門らを神辺《かんなべ》に出張させて、その応接にあたらせた。

第一次幕長戦争では、征長軍から長州藩に対し、恭順の意を表して和睦するよう勧告がなされた。それが功を奏して十一月十八日には和睦条件が示され、城の破却、三条実美《さんじょうさねとみ》ら五卿の差出し、毛利敬親《もうりたかちか》父子の謝罪書の提出、藩の三家老（益田右衛門佐親施《ちかのぶ》・国司信濃親相《ちかすけ》・福原越後元僴《もとたけ》）の切腹をもって謝罪とされ、不戦で終結を迎えた。十二月二十七日、徳川慶勝は征長軍の諸藩に撤兵を命じた。

第二次幕長戦争

大勢を決しつつあった十二月二日、幕府の急使が福山に到着し、来年の家康二百五十回忌につき、正方に日光警衛が命ぜられた。正方《まさかた》は同月十日に慶勝《よしかつ》に暇乞いし、翌日早々に広島を退陣し、海路で鞆へ着し、十三日に帰城した。突然の召喚で、慶応元年（一八六五）一月二十二日に江戸へ到着し、出府した正方は老中を務める一族の阿部正外《まさとう》から、譜代大名で代々幕府要職を占めながらも、藩内に

毛利親子
（山口県立公文書館蔵）

尊王攘夷の風潮が強く、他藩の尊攘志士らと接触することを叱咤されたとされる。そのためか、尊攘派の山岡秋厓《やまおかしゅうがい》・安藤藤斎《あんどうとうさい》・吉田水山《よしだすいざん》・大森遠水《おおもりえんすい》・斎藤甚右衛《さいとうじんえ》門《もん》（素軒《そけん》）の藩士五人が蟄居となった。

そうした中、第二次幕長戦争が企図され、慶応元年十一月七日、幕府は三一藩に出兵を命じ、和歌山藩主徳川茂承《とくがわもちつぐ》を先鋒総督に任命した。福山は石見口の一ノ先を命ぜられ、浜田・津和野・鳥取・松江・和歌山の各藩とともに山陰へ出兵することになった。

十二月一日から十日までに、約八〇〇人の藩兵が出兵し、九一六名の人夫が徴発された。正方も十日に出立し、府中《ふちゅう》・上下《じょうげ》・三良坂《みらさか》に宿泊して、三次《みよし》に到着した。照林坊《しょうりんぼう》を本陣として、諸隊は各々寺院に宿営し、先鋒隊はさらに石見国粕淵《かすぶち》まで進んだ。挑発した人夫のうち一九九人は三次で帰し、残りの七百余人は三次・粕淵に配した。同地で越年し、慶応二年の正月を迎えた。六月七日には本隊も三次を発して粕淵に到着したものの、去年の十二月から脚気《かっけ》を患っていた正方が重体となり、進軍は不可能となった。そのため、家老の内藤角右衛門に指揮を委ねて本隊を進め、浜田を経て益田《ますだ》に到着し、同地の勝達寺・医光寺などに布陣し、益田の万福寺に陣を置いた浜田藩兵と幕府軍の第一線を形成した。

同月十六日と十七日には、村田蔵六《むらたぞうろく》（大村益次郎《おおむらますじろう》）率いる約二〇〇〇の長州軍と激戦となり、福山・浜田の両藩兵は浜田方面へと敗走した。十八日に粕淵で敗

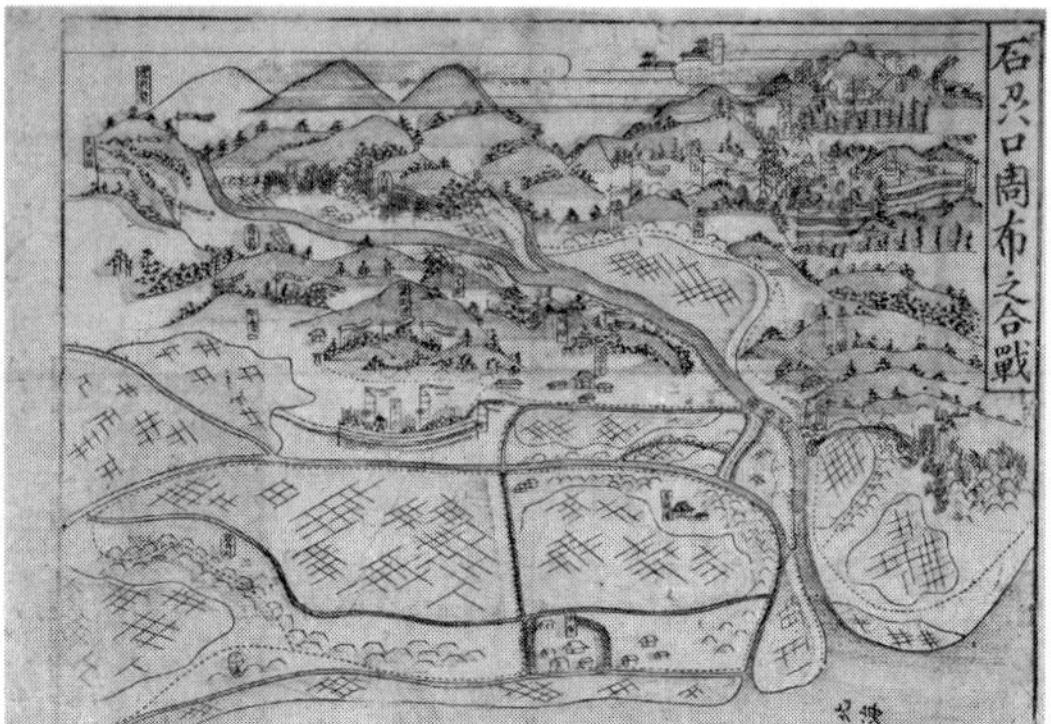

長州戦争（山口県立博物館）

戦の一報を受けた正方は、本陣のあった広島へ戦況を報ずるとともに、福山で蟄居を命じていた山岡・安藤・吉田・大森・斎藤の五人を赦免し、直ちに粕淵に召喚させた。そして、再び出兵して交戦したが、ここでも敗れて浜田城へと敗走した。その後、浜田城は落城し、藩兵は粕淵へと退去した。最終的に正方は石見よりの撤兵を決め、七月二十日に粕淵を発して、同月二十三日に福山へ戻った。

正方は征長出兵への領民の協力に感謝しながらも、長州軍が領内へ攻め込んでくる可能性があることを訴え、その時は全力で敵を迎え撃つと決意を述べ、領民にも協力を要請した。

そして、福山城では長州軍の来攻に備えて城の西北に土塁を築き、右先鋒隊を府中に出動させて警備にあたらせた。正方が粕淵で帰陣を決した七月二十日、大坂城において将軍家茂《いえもち》が死去した。一ヵ月後の八月二十日に喪が発せられ、翌日には勅命で停戦となり、第二次幕長戦争は終結を迎えたが、幕府の権威は大きく失墜することとなった。

郷兵の設立と治安対策

ところで、福山藩では出陣を目前とした文久三年（一八六三）正月、従来の伝統を破って、庶民の武装化を進めるべく、覚書を領内へ発し、翌元治元年（一八

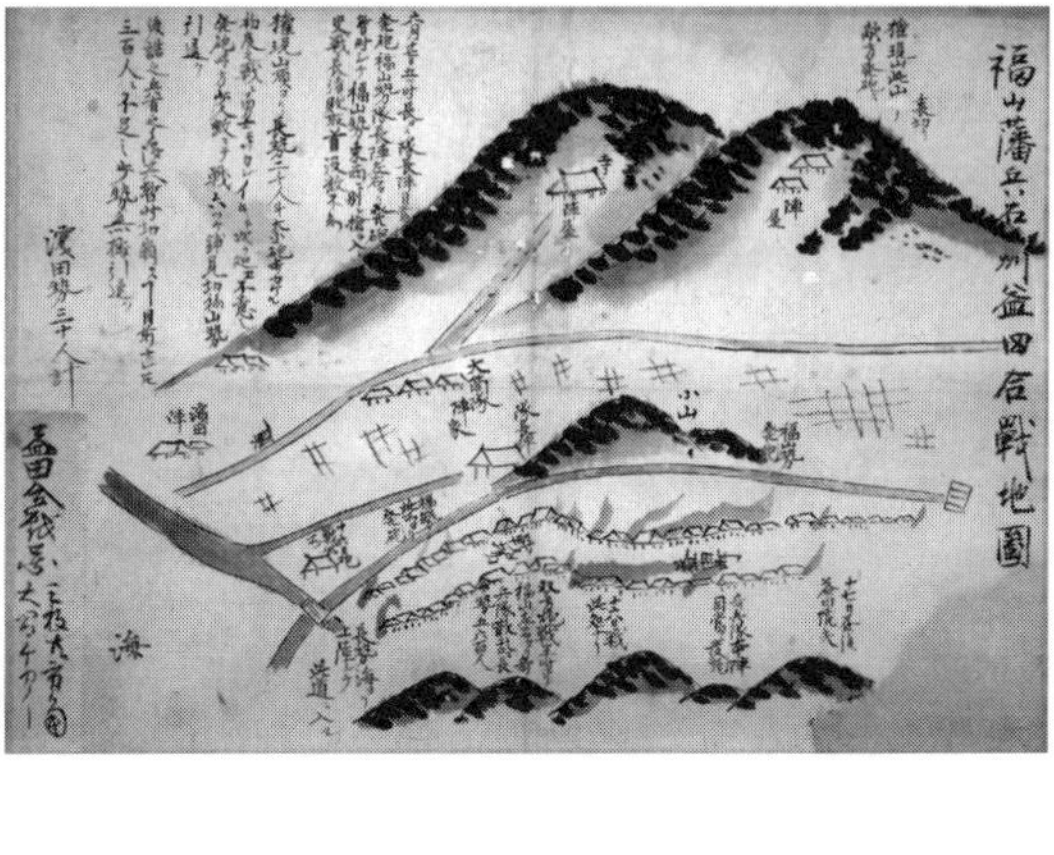

福山藩兵石州益田合戦地図
（福山城博物館蔵）

六四）四月には「郷兵取立て」の細則を示した。そして、六月二十一日には郷兵《ごうへい》が編成され、各人の格に応じて「他所行名字帯刀御免」などが仰せ付けられた。徴集された郷兵の数は、約四五〇人程であったという。

早速、翌朝より調練が開始され、藩の役人が出張して視察した。郷兵の調練については、領内を①沼隈《ぬまくま》郡・分《わけ》郡、②芦田《あしだ》郡・品治《ほんじ》郡、③安那《やすな》郡・深津《ふかつ》郡の三区に分けて、それぞれ日を定め、各郡内における寺社などが利用された。なお、新領分の神石《じんせき》郡がないが、遠隔地のため、配慮されたのかもしれない。三区とも年間三十〜四十日間の稽古日を定め、農繁期と暑中の旧暦五・六月、寒中の十一月・十二月は休みにしている。

郷兵の指揮にあたっては、当初「郷兵奉行」が置かれたが、慶応二年（一八六六）末には欠役となり、沼隈郡・分郡の鈴木菊之助・岡村三郎兵衛、芦田郡・品治郡・神石郡の宮寺保之丞・磯野喜三太、安那郡・深津郡・北安那郡★の高田正九郎・斎藤右衛門太と、各二人「郷兵取扱掛り」が配置された。さらに、事務を担う「郷兵肝煎《きもいり》」を置いて、それを庄屋層の郷兵に命じた。

その一方で、当初は藩の期待を背負った郷兵であるが、徐々に風紀が乱れ始め、稽古を無断欠席するようになり、挙句の果てには金銭上のトラブルや様々な罪を犯す者も現れるなど、その弊害も目立つようになった。

慶応三年九月、密かに薩摩・長州・安芸（広島）の三藩同盟が締結されると、

▼北安那郡
寛永期における阿部正弘の新領地加増に伴う便宜的な区分と考えられる。

討幕へと向かって時代は一気に動き始めた。十二月には長州とこれに付随した広島藩兵約二〇〇人が尾道に集結した。当然のごとく福山では動揺が生じ、不穏な空気が漂い始めた。藩は「異変之節」に備えて、郷兵の集合場所として交通の要衝である「府中市村《ふちゅういち》・神辺村《かんなべ》・今津村《いまづ》・水呑村《みのみ》」の四ヵ所を示し、郷兵に領内の猟師を加えて、非常事態に備えるよう指示を出した。その際、郷兵は自分の持筒（鉄砲）または藩の鉄砲で、猟師は自分の持筒によって警備にあたらせ、火縄・玉薬は藩の武具方より支給された。

慶応四年三月になると、郷兵は従来の郡内の治安確保にあたる「御守国郷兵」と、新たに正規軍に準じて訓練を受けて出動する「民兵」とに再編成されることとなった。

調達金・献金

幕末期における福山藩の財政は、京都および山城国八幡《やわた》警備、二度にわたる幕長戦争と、相続く政情や動乱によって、破綻寸前となり、領内からの調達・献金に頼らざるを得ない状況にまで追い込まれた。実際に安政元年（一八五四）から明治元年（一八六八）の間に、七回の調達と二回の献金、および家中（藩士）への借財整理と調達金の元利辞退が各一回ずつ行われた。

調達にあたっては、富豪層を役所に招いて酒肴が振る舞われたようで、藩側の躍起な様がみてとれる。その甲斐あってか、慶応元年（一八六五）に府中の富豪層であった延藤《のぶとう》・杉本両氏の一族五人によって金三〇〇〇両が献金され、翌々年にはその功により、それぞれ「御紋附縮緬《もんつきちりめん》御羽織《はおり》」などを拝領している。

家中（藩士）への借財整理としては、文久二年（一八六二）冬に「御家中借財趣法」の触れが出されたが、京都警備などのために、実施が遅れ、翌年十二月に取り調べに移り、実施された。これは借財に困窮する藩士の負債を藩が肩代わりするもので、「古キ借財」や余裕のある者を除いて対象とされた。

本御趣法の実施にあたっても、御用達《ごようたし》へ調達命令が出され、これに尽力した府中の延藤家と杉本家の両一族は、それぞれ加増を受けるとともに、身分格合い★が許された。

幕末期には献金などの功績によって、各種の身分格合いが乱用された。なお、格合いについては、それぞれ兄弟などへも分与・譲渡できた。

大政奉還と王政復古

さて、急死した家茂《いえもち》の跡を受けて、十五代将軍に就いた徳川慶喜《とくがわよしのぶ》は、フランス式の軍制を採用するなど、幕政改革を推進して権力回復を図ったが、慶応三年

▼**身分格合い**
御用達席、御用達並、苗字帯刀御免、庄屋格、袴御免。

（一八六七）十月十四日、慶喜は朝廷に政権の返上を奏上した。しかし、同日には薩長や岩倉具視《いわくらともみ》を中心とした討幕派の画策によって密勅が下されていた。翌日になって、大政奉還《たいせいほうかん》の勅許が得られ、慶喜は二十四日に将軍職を辞した。

この間に朝廷は十五日に十万石以上の大名、二十一日に十万石以下の大名をそれぞれ招集する勅令を発している。諸藩の対応については、上京する藩、延期を願い出る藩、代理人およびその願書を提出する藩、辞退する藩、江戸から国元へ帰える藩など様々であった中で、福山藩では翌月の五日に「疾ヲ以テ上京ノ期ヲ緩セン」ことを請うている（『復古記』）。

その後、三条実美《さんじょうさねとみ》らの処分、外国事務関係事項、長州藩主父子赦宥《しゃゆう》といった諸問題に関する朝廷からの諮問に対しても、福山藩では積極的に意見を開陳することなく、日和見主義を貫いた。こうした態度をとらざるを得なかった背景としては、譜代大名であり、かつ幕閣の要職を代々務めてきたという立場からであったものと解せられよう。

慶応三年十二月九日には王政復古の大号令が発せられ、朝廷は京都守護職、および京都所司代を廃し、これを務めていた会津・桑名両藩へ帰国を命じた。翌十日には慶喜に辞官納地《じかんのうち》を要求した。

こうした一連の措置に端を発し、翌年の一月三日に、京都南郊の鳥羽《とば》・伏見《ふしみ》にて会津と桑名の両藩を中心とする幕府軍と、薩摩・長洲・土佐の三藩を中心とす

徳川慶喜肖像写真
（茨城県立歴史館蔵）

る新政府軍との間で、戦いが始まった。鳥羽・伏見の戦いは、当初互角であったが、二日目には新政府軍が優勢となり、次第に幕府軍は押しやられ、大坂まで退いた。この戦況下にあって、大坂城にいた慶喜は軍を見捨てて、海路で江戸へ逃亡してしまう。結果、幕府軍は総崩れとなり、大敗を期した。その後、征東軍が組織され、これより一年半にもおよぶ戊辰戦争が始まることとなり、幕府瓦解の道へと進んでいく。

そのような激動の情勢にあって、長州軍と芸州軍は尾道に集結し、中央の状況を見守っていた。慶応三年十二月六日、藩は無用な摩擦の起こることを避けるために、家中の藩士が尾道方面へ出向くことを禁止するとともに、領民にも不要不急の他は、出向かないように申し伝えている。さらに、「当節尾の道辺江長州人多勢宿陣いたし居候に付、右御手当テ郷兵並猟師操出方之義被㆓仰出㆒候」と、前出した郷兵・猟師に「異変之節」における集合態勢を布告している（「山手村御用状控帳」）。

話は前後するが、正方《まさかた》は石州口への出兵以来の病気が重体となり、慶応三年十一月二十一日に福山城内で二十歳の若さで早逝する。継嗣も決まっておらず、しかも東上する長州軍と対峙中という非常時であったため、とりあえず城内の小丸山に仮埋葬され、慶応四年六月までその喪が秘せられた。その後、明治三年（一八七〇）十月に「隆徳院殿円誉覚融松巌」と諡《おくりな》し、本庄村の小阪山★に改葬された。

阿部正方の墓

▼小阪山
現在、墓所は福山市北本庄二丁目に所在し、石敷き基壇の上に墓碑、および円筒形の神式墓である。墓の側面に亀甲形の切石を精巧に貼り付け、その上部を玉石で覆って土饅頭形にした特異な形態をしており、平成二十九年（二〇一七）十一月十七日には、「阿部正方墓域」として市の史跡に指定された。

長州勢の進撃と福山城

慶応四年（一八六八）一月三日の鳥羽・伏見の戦いによって、尾道に駐留していた長州勢が東上を開始した。同月八日、途上の今津・松永より福山に向けて進撃すると、市中は大混乱し、町民や家中の婦女子は各地へ避難した。同夜に城中で行われた会議では、自重派が主戦派を制し、最後まで交渉に望みを託した上で、各々部署で守護にあたることとした。

同月九日に送付された長州からの宣戦文には、譜代である福山藩は、徳川家との関係が一段と深く、そのため佐幕側とみなし討伐の軍を差し向けるとあった。藩は使者に対し、反抗の意志のない旨の陳弁に努めたが、その努力も虚しく、戦いの火蓋が切って落とされてしまう。

城を包囲した長州勢は、城の北西に位置する本庄村の円照寺一帯に砲陣を敷いて、一斉攻撃を行うと同時に、城背に位置する八幡山より搦手に向かって攻勢に出た。城内からも小銃によって応戦し、数人の長州兵を倒した。

そうした中、城内より参政の三浦吉左衛門（義建《よしたつ》）を正使、儒者の関藤藤陰《せきとうとういん》を副使とする使者が遣わされ、長州軍参謀の杉孫七郎《すぎまごしちろう》と交渉が行われた。その結果、無事に和平が成立して開城した。ここで福山藩は勤王を誓い、これ以後は討幕軍

弾痕が残る備後護国神社（阿部神社）赤門

円照寺

に加わることとなる。また、一日遅れの十日には、鞆《とも》に投錨した薩摩軍に対しても同様の誓約書を提出した。一時は騒然とした城下も、講和成立後は鎮静化し、近郊に避難していた町人や家中の婦女子も戻り始めた。十一日には長州軍の大部分は尾道へ引き返し、そこから海路にて上方へと向かって出帆した。

そして、二十六日には一五〇〇人からなる芸州軍が錦旗を所持して福山城に入城し、神辺《かんなべ》と今津《いまづ》の両駅には各五〇〇〇人が止宿《ししゅく》し、次いで備中国松山へと向っていった。二十八日には伊予国松山藩（久松氏）の向背を問うため、福山藩兵も長州軍とともに出陣し、無事にその任務を果たした。その後も、摂津国西宮《にしのみや》の守衛を務め、また四月には大坂天保山《てんぽうざん》に設けられた砲台の守衛を務めるなど、新政府軍の一翼としての対応に追われている。

養嗣子・阿部正桓と箱館戦争

三月になると、広島藩世子浅野長勲《ながこと》の実弟元次郎が正方《まさかた》の養子として入るとともに、正弘の第六女寿子《ひさこ》との縁談が決まり、五月二十日に福山へ入部し、阿部正《まさ》桓《たけ》として十代藩主の座に就いた。この間、慶応四年（一八六八）七月に江戸が東京と改称され、同年九月には元号も明治と改められた。藩主就任直後の明治元年（一八六八）九月七日には、箱館警衛を命ぜられた。その際、領内各村よりの総額

阿部正桓肖像写真
（阿部正実写真提供）

浅野長勲肖像写真
（国立国会図書館蔵）

一万両の軍費調達、急速人夫の徴発などの準備を行い、元福山藩士で大坂にて筆商を営んでいた古精堂堺屋伝兵衛の周旋によって、大坂の加島屋・鴻池家らの豪商からも一万両を調達させたといわれる。二十一日には、総督岡田伊右衛門《おかだいえもん》（吉《よし》顕《あき》）・副総督堀兵左衛門《ほりへいざえもん》の下に、鷹翼隊《おうよく》・大砲隊・鷹勁隊《おうけい》・鷹撃隊《おうげき》・鷹飛隊《おうひ》の藩兵六九六人、および隊外人夫を加えた福山藩兵は、福山城に集結し、鞆に向かって出発した。なお、軍師参謀として出征した江木鰐水《えぎがくすい》は、九月末の出船間際になって箱館警衛を変更され、津軽応接を命ぜられることとなった。

十月二日、官軍が差し向けた英国蒸気船モーナ号に乗り込み鞆を出帆、翌三日朝には下関に到着し、五日には越前国敦賀に到着、そこで大野藩兵一七一人と人夫が乗り込んで、同日に出帆した。ところが、天候不順により港に引き返し、人夫と荷物が減少され、福山の人夫も五五人が帰国している。十一日には秋田に到着し、そこに七日間滞在した。すると、在陣していた官軍参謀大山格之助《おおやまかくのすけ》（綱《つな》良《よし》）より、津軽はすでに平定されたが、旧幕府軍の榎本武揚《えのもとたけあき》らが二五〇〇人と軍艦七隻を率いて蝦夷地方に着岸し、箱館を襲撃する計画であることを告げられた。しかし、警備の箱館府兵は少なく、諸藩の援軍も未だ到着していないことから、福山・大野両藩兵はこれを援助するよう命じられた。そこで、直ぐに北行して二十一日には箱館へ到着した。箱館府知事であった清水谷公考《しみずたにきんなる》から、弁天台場および尻沢辺の守備を命じられ、二十三日には七重《ななえ》村で旧幕府軍と衝突し、藩兵

五稜郭

榎本武揚肖像写真
（函館市中央図書館蔵）

清水谷公考肖像写真
（函館市中央図書館蔵）

の一一人が負傷、三人が行方不明となった。その後、新政府軍は撃退され、二十五日には府知事以下、府兵や福山・弘前らの藩兵は青森まで敗走し、箱館府の役所があった五稜郭および箱館港は旧幕府軍に攻略されてしまう。三十日に箱館での敗報が東京に達せられると、援軍として津・備前・筑後などの諸藩に派兵を命じ、八戸藩には糧秣《りょうまつ》の支給を行わせることとした。その後も秋田・長府・徳山といった藩を続々と来援させたが、厳寒期で停戦状態となって越年している（『復古外記』、『蝦夷戦記』）。

翌年の四月に至ると、諸軍が蝦夷地《えぞち》へ渡り、一斉攻撃を開始した。同月十二日から二十九日まで、数次にわたる交戦が行われ、五月には箱館および五稜郭を包囲し、同月十一から十五日まで海陸より総攻撃を開始した。十七日になって、ついに榎本武揚率いる旧幕府軍は降伏し、ここに戊辰戦争は終結を迎えた。二十九日、福山藩兵は東京へ無事凱旋を果たしたものの、この戦によって死者二五人、負傷者二八人の犠牲を出している。臥牛山《がぎゅうざん》（函館山）や江差には、現在も福山藩戦死者の墓標がみられるという。

本出兵の論功行賞として、明治二年九月には六千石の永世下賜、および金三百五〇両が下賜された。また、翌年五月には釧路国白糠《しらぬか》、阿寒《あかん》、足寄《あしょろ》の三郡の領有を仰せ付けられ、当地域の開拓にあたることとなったが、明治五年には北海道開拓使庁へ返還された。

捨生取義碑（備後護国神社）

箱館出兵図（福山市歴史資料室蔵）

福山藩兵図（福山市歴史資料室蔵）

② 版籍奉還から廃藩置県へ—流転する県名

明治維新後、あらゆるものが目まぐるしく変革する中にあって、福山藩内でもその対応に追われた。明治四年（一八七一）の廃藩置県では、他藩の例にもれず福山でも混乱を招いた。その後、旧藩領は福山・深津・小田・岡山と県名が変遷し、広島県として現在に至る。

明治初年の藩制改革

薩長土肥の四藩主より一ヵ月遅れて、藩主阿部《あべ》正桓《まさたけ》は、新政府に対し「版籍《はんせき》奉還《ほうかん》」を建白した。新政府はその願い出を許し、明治二年（一八六九）六月十八日、正桓を知藩事《ちはんじ》（後に藩知事と改称）に任じて、新たに藩政を司らせることにした。そして同年八月十四日に東京より帰藩すると、早々に藩政機構の改革に取り掛かった。ちなみに、版籍奉還により全国の諸藩は、城下町の名を付けて呼ぶことに統一されたため、制度的に「福山藩」が成立したのは、この時をもってからである。

時はやや遡って、明治元年十月、新政府はこれまで千差万別であった諸藩の職制を統一し、各藩の代表である公議人を選出して、統制するため「藩治職制《はんちしょくせい》」

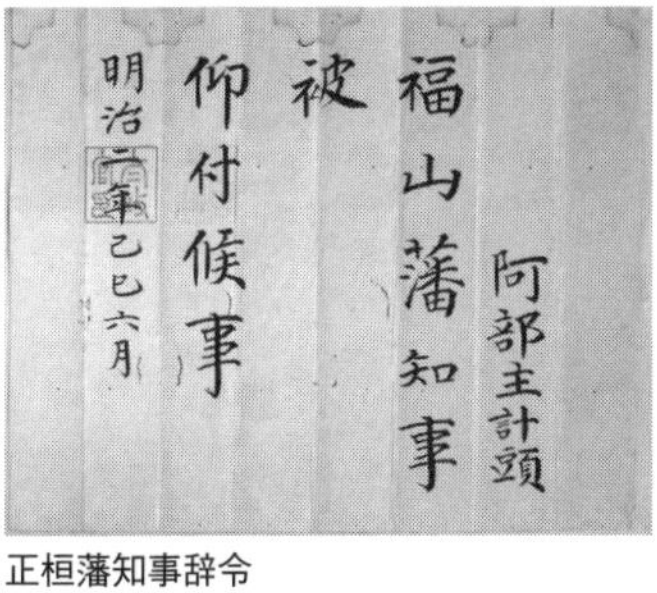

正桓藩知事辞令
（一般社団法人 福山藩阿部家蟲喰鷹ノ羽蔵）

を全国に布達した。これを受けて、明治二年九月に「福山藩職員令」を出し、新たな藩治職制を定めた。まず、知事を補佐する大参事には、箱館出兵の総督として功績のあった岡田《おかだ》伊右衛門《いえもん》（吉顕《よしあき》）を任じ、それから各級の官員を任命した。当該期の主な福山藩官員★としては、知事：阿部正桓、大参事：岡田吉顕・三浦岬、権大参事：武田平之助、少参事：大森鏗爾・河村九十九・倉井忍男・楢崎新蔵・浜野章吉、権少参事：宮寺保記・村上半蔵といった顔ぶれであった。

　また、新たな藩政の機構として、一二の部局★が組織された。その他、設置時期は不明であるが、明治三年十二月までには、戸籍掛り・紀典掛り・殖産掛り・聴訟掛りなどが設置された。再編された藩庁の役人には、従来の藩士が任命され、在方の整備も行われた。明治四年には庄屋名目を廃し、戸長および戸長副役に改められ、町方の場合は各四人ずつの計八人が置かれた。また、庶民の会議所として「衆議所」が賢忠寺《けんちゅうじ》に設置された。

　藩の行政機構の中には、上議員と下議員で構成される議院がみられ、これは明治二年四月設立の「公議局」が行政機構の中に正式に位置付けられたものと思われる。慶応四年（一八六八）三月十四日に新政府が発表した「五箇条の御誓文」に則ったもので、公議局は上局と下局に分けられた。上局については、議長は執政、議員は参政当務の者としたが、当分は督事が兼任するとし、下局については、藩内から広く選挙を行い、惣代として送るというものであった。

▼官員
明治時代に使われた語で、官吏・役人のこと。

▼一二の部局
①政事堂（職員：知事・大参事・権大参事・少参事・権少参事・掌吏・権掌吏・書記）、②祭典司（職員：監事・庶務・承務方）、③刑法司（職員：監事・聴訴・推按・承務方）、④民事局（職員：少参事・監事・郡令・市令・承務方）⑤会計局（職員：少参事・監事・出納・庶務・主簿・承務方）、⑥軍事局（職員：少参事・監事・庶務・承務方）、⑦兵団（職員：大隊長・半大隊長・中隊長・砲隊長・半隊長・押伍）⑧文武校（職員：少参事・監事・教授・小教授・助教・小助教・庶務・筆生）、⑨議院局（職員：議長・上議員・下議員・筆生）、⑩監察局（職員：大監察・権監察・聞察）、⑪検察方、⑫巡察方

具体的には、①深津《ふかつ》・分《わけ》・沼隈《ぬまくま》・安那《やすな》・芦田《あしだ》・品治《ほんじ》の六郡から各一人、神石《じんせき》・川上《かわかみ》・北安那《きたやすな》★から一人、福山《ふくやま》・鞆《とも》・府中市村《ふちゅういちむら》から各一人、合計一〇人を議員定数とする、②議員は年齢二十五歳以上とし、議員在職中は御家人同様の扱いを受ける、③任期を二年とし、一年ごとに半数改選とする、④定例会議は月二度とし、これに臨時会議が加わる、といったことを規定している。当時、こうした議院制度は一部の開明的な藩では行われており、実際に明治四年六月の廃止まで、公儀局は福山藩政において重要な位置を占めたようである。

さらに、明治二年十月、政事堂から「御改革帳」が示され、家臣の身分と俸禄の大幅な改革が断行された。その内容とは、旧来の家禄・階級・職制を全廃し、代わって家格を士族《しぞく》・卒族《そつぞく》に改め、士族を上・中・下・准の四等格に、卒族を上・中・下の三等格に分け、職階も一等官より十等官までの官等を設けて、家格を問わず才能に応じて選任する。次いで、家禄の大幅な減禄を行っている。これは版籍奉還に伴って、知事の家禄が藩収入の一〇分の一と定まったのを機に、従来は石高二千石の家老の家禄を現米(三斗入りの俵米)百石に改定し、以下はこれに従って石高百石以上の者は減額し、百石以下については減額することなく、従来通りとした。

軍制については、軍事局の設置による軍事と部隊編成の兵団が明確に分けられた。先立って、慶応四年(一八六八)三月に「民兵制」が採用され、これまで郷

▼北安那
寛永期における阿部正弘の新領地加増に伴う便宜的な区分と考えられる。

兵制として、非常時に備えて郷民の調練が行われていたが、それとは別に五〇〇人の民兵を新たに徴募し、これを正規軍に編成した。また、福山城に洋式胸壁・掘柵砲台の設置を新政府へ願い出るとともに、藩は軍事局に八千石を支出して軍費とし、鉄砲・弾薬、その他の一切の軍需品を外国から購入し、軍備を充実させた。廃藩置県の際、軍需品を一五艘の輸送船に満載して、熊本鎮台へ廻漕されることになったが、その金額は五〇万両を下らなかったという。

その他にも、藩政改革の一環として、①財政改革、特に藩債と藩札の整理、②地方行政機構の改革として、大区・小区制の実施と戸長・副役の任命、③啓蒙社《けいもうしゃ》、誠之館《せいしかん》による学校教育の実施などが行われた。

藩財政の状況

ところで、明治初年頃における藩の財政事情は、相次ぐ多大な出費に加えて、明治二年（一八六九）は大凶作で、貢租の減額と救助米の放出などが重なり、まさに危機的状況にあった。

こうした悪状況の中、藩庁では財政問題を対処すべく、第一に、大阪での藩債の減価書き換えを行った。これは慶応四年（一八六八）二月二十二日、官命により大阪の金銀交換相場が廃止されたことを機に、それを利用して藩債を金価格に書き換え減額を図ったもので、結果的に七万両の減額に成功した。第二に、藩が太政官から借りた太政官札《だじょうかんさつ》（石高一万石につき二五〇〇両の貸与）を資本に、藩庁と大坂加島屋が共同して、新しい少額の金札を発行した。第三に、従来の大坂五軒屋による藩札《はんさつ》発行権を接収し、新たに藩庁の自主発行に切り換えた。よって、安易に藩札を発行できるようになった結果、藩は財政の異常な危機的状況の中にありながらも、藩札を際限なく乱発していく。後述するように、明治二年十二月に新政府が藩札発行を禁止するまでの約半年間に発行された金札は、驚くことに約二六万両にまで達した。

『版籍御奉還租税外籍帳』および『諸務取調書控』によると、幕末・明治初年の藩財政は、拝領高十一万石の他に込高や新田高二千七百二十八石六斗八升二合も含めて、総計一一万二七二八石六斗八升二合の領地から、米五万二千四百十二石余、銀二二〇四貫目余の収入を得ている。一方、明治元年における藩庁の経常費は、米一万七千九百石・金三万両、藩士兵卒給料は米七万九千二百七十七石余・金三三〇両であり、その総計支出額は米九万七千石余、金三万三〇〇両余となる。ただし、これには藩主の私生活費は含まれておらず、もし仮に通常取分の一万五千石程度で勘案すると、米十一万石を軽く超えてしまう。すなわち、歳入と歳出を比較した場合、米五万石前後、金三万三〇〇〇両程度の歳出超過となるのである。

こうした財政状況に対し、藩庁では問題解決を図るべく悪戦苦闘していった。

報国両替会社

藩札《はんさつ》について、新政府は明治二年（一八六九）十二月五日の布告で、その増発を厳禁した。唯一の通用紙幣を太政官札とし、藩札の流通を禁止し、藩札を整理するよう促していった。また、明治四年七月十四日、廃藩《はいはん》置県《ちけん》の布告を機にして、旧藩札は同七月十四日の相場をもって引き換えられることとなった。その際、これまでの旧藩札高の報告を諸県に命じ、新貨幣との引き換え相場に関しては各藩で立てさせた。なお、福山藩における藩札発行状況は、明治二年の調査によれば、銀札四万九六二二貫五一匁五厘、金札は二五万九三七四両三朱となっている。

それに先立って、各藩では新政府からの消却催促など、藩札をめぐる諸対策に苦慮する中、福山では藩札消却のための両替および貸付機関として、明治四年四月に「報国両替会社《ほうこくりょうがえがいしゃ》」を設立し、藩札整理の業務を担うこととなった。会社は藩の許可と援助・監督の下に、藩札消却のための両替と貸付を目指して、藩内有志の発起によって設立されたものであった。その業務内容とは、次の通りであった。

①太政官札を藩庁より五万両、領内より五万両、計一〇万両を出資する。また、

福山藩の藩札
（福山城博物館蔵）

藩札八〇〇〇貫（五万両相当）を領内より出資し、これらを資本とする。領内持ち寄り分には一ヵ月一歩の利息をつける。

②太政官札一〇万両を資本とし、一日五〇〇両替、時々の相場で両替する。ただし、一両につき一匁の手数料を徴収する。

③領内持ち寄りの藩札八〇〇〇貫目を一ヵ月一歩二朱の利息をつけて貸し付け、太政官札で回収する。

④年々、藩札の両替・貸付金元利取立のうちより二万両（一六〇〇貫）、藩の年貢等収納金のうちより二万両、計四万両を消却する。ただし、貸付金利息、両替手数料等の収入より出資金の利を差し引き、不足する八〇〇貫余を消却分より差し引くので、実際の消却高は約二四〇〇貫となる。

⑤当時、藩札発行高約七〇万両、損し札約一〇万両を差し引き、流通高約六〇万両のうち年々約三万両を消却して十間継続し、約半数を消却する。これを第一期とし、爾後のことは第一期経過後に協議決定する。

⑥これらとともに、両替開始の日、藩札版木を焼却して発行停止を確実にする。

⑦出資者（社員）には米・雑穀などの領外輸出を含めた売買の自由を許可する。

そして、報国両替社では上記の業務を着実に遂行するため、領内の富豪家より社長六人、副社長一七人、周旋方《しゅうせん》五七人を任命し、さらに惣掛り世話役に年番庄屋を残らず動員するといった、まさに挙藩一致の体制で取り組んでいる。

明治四年六月十日に札座を両替座とし、藩札と太政官札との引き換えを始めた。開始当初は一定の効果がみられたものの、約一ヵ月後に廃藩置県の詔勅が公布され、九月二十日に旧知事の上京を阻止する大一揆が領内一円で発生すると、報国両替会社の社長・副社長・周旋方らも大きな被害を被り、活動停止に追い込まれてしまった。こうして報国両替会社は、わずか一年四ヵ月後の明治五年八月に解散の運びとなり、翌月には新たに設立された「小田県殖産商社」に解体合流した。以降、藩札引き換え業務については、政府や県庁により全国画一的に実施されていくこととなった。

廃藩置県

明治四年（一八七一）七月十四日、廃藩置県の詔勅が出され、旧福山藩は「福山県」と改称された。翌日には正桓《まさたけ》が知事職を罷免され、同時に旧知事は東京府に移住するよう布達された。旧知事の阿部正桓は九月下旬に福山を出立する予定であったが、九月十九日から同月二十三日まで、藩主に留藩を求める大規模な農民騒擾「明治四年の大一揆」が勃発する。隣接する旧広島藩領では、旧藩主（浅野長訓《ながみち》）引き留め一揆である「武一《ぶいち》騒動」がすでに起こっており、当然その影響は福山へもおよんでいたと思われ、福山県庁では、正桓の上京問題について大変苦慮していたようである。

九月十日、旧知事の上京にあたって、郡中有志が御見舞品を奉献したいと「世話役年番戸長」名で県庁御伝達所へ上申しているが、県庁ではこれを直接取り扱わず、阿部家御家内と折衝するよう内示を行った。実際、旧知事上京の日程は直前まで秘され、九月二十日に福山出発、船で鞆へ行き、翌日には軍艦で上京する予定であった。なお、十七日付で戸長が代表して見送るという内々の通達がなされ、一般民衆へは上京の日時さえ知らされることはなかった。

明治四年の騒擾

事の発端は、九月十八日夕方に始まる。当日、沼隈《ぬまくま》郡藁江《わらえ》村の百姓渡辺幾平が知己である藩医の村上理安を訪ねた際、内密であった旧知藩事である正桓《まさたけ》の上京の日取りが二十二日であることを知った。と同時に、先月の広島の旧知藩事上京の際、農民が上京差し止めを嘆願して延期となったが、福山ではどうするべきか、と聞いたところ、理安は藩主出発の際は何気なく裃《かみしも》でも着用して(正装して)行列を止めるべきであろう、と返答をしたという。直ぐに帰村した渡辺は、昼過ぎから付近の農民を集め、一刻も早く城下へ駆け付け、藩主の上京を嘆願して阻止しようではないか、と周辺に言い触らして回り、計画は沼隈郡を中心に急速に広まっていった。

十九日夜から二十日未明に沼隈郡内各村の民衆が神社に集結し、二十日朝には二手に分かれて城下に押し掛けた。芦田川《あしだがわ》沿いの村々は、対岸の深津《ふかつ》郡川口《かわぐち》・多《た》治米《じめ》村などへも呼び掛けながら、鞆街道を北上し城下へと、松永近辺の村々も今津村の剣《つるぎ》神社（高諸《たかもろ》神社）へ集合し、山陽道沿いの村々を糾合しつつ城下へと集まった。大手門前の築切辺りは立錐の余地のない程で、その数は刻一刻と増大し、今や沼隈郡のみでなく、他の諸郡からも参集した様子であった。

幾千という竹槍・腰鎌を携えた群衆を前に、とりあえずは「発駕延引」の掛札を出し、帰村させようと、城中から数人の県の役人や阿部家名代が出張して鎮撫にあたり、願い事があれば述べるよう、願書があれば差し出すよう、また代表者以外は帰村するようにと説得したが、「北郡之もの参居不レ申候間、北郡申合歎願書相認差上可レ申」として、帰村することなく留まった。

ついには、正桓自らが大手門まで出馬する始末となり、そこに渡辺幾平が進み出て、上京の取り止めを訴願し、これに対して、正桓は権大参事の斎藤素軒《さいとうそけん》に応対させ、「願いがあれば、帰村して戸長を通じて嘆願するように。またこの度は天皇の命であるため、上京しなければならないが、とりあえず延期することにする」と丁寧に諭したという。それが功を奏してか、一時は持参した竹槍などを堀の中へ投棄して退去する者もみられたが、やがて深津郡民も合流すると、再び暴

阿部正桓肖像写真
（福山市歴史資料室蔵）

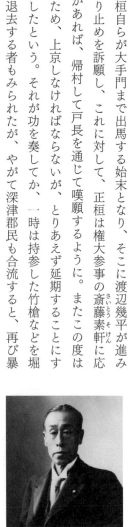

徒と化し、城下を暴れ回った。

こうした様相に対し、城中では大評定が行われ、県は威嚇の空砲を発し、兵隊を各所へ派遣した。大手門前では森戸源吉を小隊長とする一隊が農民に向かって発砲し、二人の死者と十数人の負傷者が出ると、群衆は本庄村青木ヶ端《あおきがはな》へと退散していった。しかし、二十一日に神島《かしま》橋を渡った群衆は、芦田川沿いに鞆へ行き、翌日にかけて焼打ちや打ちこわしを行った。また、深津郡東部の群衆は、王子端《おうじばな》から南北二手に分かれて城下寺町《てらまち》口へ、同郡北部の群衆は市村《いちむら》街道を神山に向かい、一手は綱木峠から奈良津《ならづ》村を経て吉津《よしづ》町惣門《そうもん》口へ、もう一手は天満から米座を経て三吉《みよし》町寺町口へと分かれて集まった。

県の兵隊も城下各口へ派遣され、大砲の使用も許可された砲兵一小隊が寺町口・吉津口に陣を構え、両口とも空砲を放ったため群衆は城下に入れず、仕方なく王子山・奈良津峠方面へと向かい、郡内の戸長・副役、豪商・豪農層といった豪家を新たな攻撃対象へと転換していった。

二十一日から二十二日にかけ、深津・沼隈両郡の群衆が北上して蜂起を触れ回り、安那《やすな》・芦田《あしだ》・品治《ほんじ》の北部三郡をも加え、騒擾は全県下へと波及していった。各村の村名の入った幟を立て、夜は高提灯を掲げた群衆は、戸長・副役・組頭らが付き添い、豪家《ごうけ》からの焚き出しを食料としながら、社寺や豪家、河原あるいは苅田で藁を被るなどして夜を徹した。ここで注目すべきは、一揆の攻撃対象となった豪家では、焚き出しによる饗応や、食糧の支援などを行うことで、焼打ち・打ちこわしを回避し、また戸長・副役らが自ら一揆勢に付き添うことで、暴動化が最小限に防ごうとしている。

一方、県では二十二日の夕方、少数の常備兵に旧士族層を臨時招集した兵を沼隈郡水呑《みのみ》村の三分坂に配し、大砲で固めて鞆《とも》方面の群衆の北上を阻止するとともに、出雲街道に沿って横尾《よこお》・山守《やまもり》辺りまで旧知事名代が県官・兵隊を従えて、鎮圧と説得のために出動した。県では二十三、四の両日も引き続き、旧知事名代・県官・兵隊を各方面に出張させて鎮圧・説得にあたり、平静に服するという差出書を提出させるなどして、二十四日になって、漸く全管内で鎮静化をみた。

二十五日頃より捕亡《ほぼうし》使と兵を各所へ派遣し、二〇〇人近くが逮捕され、臨時糾弾所を設置して罪の軽重が判決された。そのうち数十人が笠岡裁判所で刑を受けたとされるが、その詳細は不明である。なお、事の発端となった村上理安は召喚されたが放免され、渡辺幾平は重罪に処されたという。かくして、正桓の上京は十一月三日に無事行われ、一連の騒擾はここに終結を迎えた。

県政の創始と県の変遷

先述のように、明治四年（一八七一）七月十四日に「廃藩《はいはん》置県《ちけん》」が断行され、福山藩は「福山県」となった。しかし、同年十一月十五日になると、福山県をはじめ備中地方の諸県が廃県となり、新たに「深津《ふかつ》県」★に統合され、翌年三月までには引き継ぎ業務を完了した。

同年十二月、深津県権令《ごんれい》に矢野光儀《やのみつよし》（大分県士族・元葛飾《かつしか》県権知事）、同権参事《ごんさんじ》に森長義《もりながよし》（置賜《おきたま》県士族）が任命され、それぞれ着任すると、前年十一月二十七日に制定された「県治職制《けんちしょくせい》」に則って行政が開始された。

ここで留意しておきたいのは、「深津県」の県名が示すように、深津郡の福山に県庁を設置すべきであるが、先に着任した森権参事は小田《おだ》郡笠岡の元倉敷県支庁（元笠岡代官所跡）を仮庁舎としたことであろう。

明治五年五月に至って、深津県権令は県庁所在地として、正式に笠岡を採用するとともに、県名を「小田県」と改称するよう政府に申請した。六月七日、政府は「深津は県庁を置くべき地位にない」と、新県庁を笠岡に置き、県名を「小田県」と改称することを認可した。なお、笠岡に立庁された件については、「笠岡の西には福山・松永・鞆津などの港があり、東には玉島・倉敷がある。当地には旧陣屋もあって、狭いながらも設備が整っている。それらに多少の手を加えれば施設は間に合う。また官宅や牢屋もすでにあり、新たに造営することもなく、その費用を省くことができる」というものであった。

かくして、備中一一郡・備後六郡を合わせた計一七郡、人口約五〇万人、石高

▼深津県
深津県は旧一二県で構成され、備後南部の深津・沼隈・安那・品治・芦田・神石の六郡からなる旧福山県が最も広大で、その他は中津（飛地）・鴨方・生坂・足守・新見・庭瀬・岡田・浅尾・高梁・成羽・倉敷の旧諸県であった。ただし、そこには飛地だけでなく、当初は深津県域に決定しながら、これまで岡山藩の支配であった生坂・鴨方の旧両県の移管を岡山県が明治五年四月に申請し、六月にその移管が行われるなど、その県域は決して一円化されていなかった。

小田県庁跡（現・笠岡市立笠岡小学校）

約六十万石の大県が成立することとなった。しかし、諸藩・天領・旗本領の多様な旧領を統合し、かつ福山県における明治四年の大一揆の後遺症がみられるなど、県治の推進にあたっては、前途多難というのが実情であった。

さらに、明治八年十二月十日には「小田県」が廃県となり、「岡山県」に合併となり、岡山県では笠岡の旧小田県庁を岡山県庁の支庁として、旧小田県域の行政事務を行った。そうした中、明治九年四月十八日には、備後六郡を分離して、「広島県」へ移管することになった。ただし、地租改正の完了までは岡山県で処理が行われ、同年七月十九日に事務の引き渡しが行われた。ここに、新たな広島県域が確定されることとなり、現在にまで至っている。

広島県では同年五月に福山支庁★を新たに設け、新管轄の備後六郡をこれに所属させた。なお、こうした旧福山県をめぐる紆余曲折の変遷については、福山藩が譜代であったことに起因すると一般的に喧伝されているものの、その真偽については定かではない。

▼**福山支庁**
明治十年六月からは御調、甲奴の両郡も福山支庁に所属されたが、翌年十一月に福山支庁は廃止された。

これも福山

鞆の浦と「七卿落ち」

文久三年（一八六三）八月十八日の政変で、京都を追われた尊攘派の公家らは、同月二十二日に兵庫津《ひょうごのつ》を出て、長州へと都落ちすることとなった。その一行は、三《さん》条《じょう》実美《さねとみ》が乗船する一番船、三条西季知《さんじょうにしすえとも》・四条隆謌《しじょうたかうた》・壬生基修《みぶもとおさ》・錦小路頼徳《にしきこうじよりのり》が乗船する二番船、東久世通禧《ひがしくぜみちとみ》・澤宣嘉《さわのぶよし》が乗船する三番船をはじめとする二十数隻、総勢四〇〇人の大船団であったという。

七卿落ちに同行した土佐藩士・土方久元《ひじかたひさもと》の講話によれば、鞆の浦（以下、鞆）には「二十三日夜戌の刻過ぎ鞆津投錨、下船し上陸。直ぐさま出航する催促するが、折から風波穏やかならず、船頭ども容易に承知しない。血気の士はやにわに抜刀し船頭どもを脅迫した」といい、「同夜半、強風をおして出航、翌二十四日午後、糸崎八幡浦に避難した」と、慌ただしい様子を伝えている。その後、同年九月には澤宣嘉が生野《いくの》の変に加わり、翌元治元年（一八六四）四月二十五日には錦小路頼徳が病死するものの、再び京都を目指した五卿は、同年七月十八日二十時頃に鞆へ到着した。一行は土佐屋で休息して、夜半には帰船した。また、十九日には保命酒《ほめいしゅ》屋で憩い、夜半には帰船した。二十日にも保命酒屋で寛いで、その午後には多度津へ向けて出航した。その途中、風待ちのため阿伏兎《あぶと》に投錨して、翌日に多度津に到着するが、そこで「禁門の変」の悲報に接すると、翌朝には再び鞆に集結して、西下していった。

明治初期に刊行された歌集『竹葉集』には、鞆の保命酒屋に立ち寄った際の「鞆津中村某が家に醸たる薬の世にたぐひなきを賞してよめる」として三卿が詠んだ歌、「世にならす鞆の港の竹の葉をかくて嘗むるもめつらしの世や（実美）」、「亀山に何か求めむこの屋戸のこの酒こそは生く薬なれ（李知）」、「音にたつ鞆の港浪まくらふたたびかかるも時世なりけり（李知）」、「この家にかみしうま酒うま人のみまへに世ただもてはやしつつ（通禧）」の四首が掲載されている。

太田家住宅朝宗亭（福山市文化振興課写真提供）

一行が過ごした保命酒屋（中村家）は、明治三十年代に太田家の所有となった。その後、「鞆七卿落遺跡《ともしちきょうおちいせき》」として、昭和十五年（一九四〇）二月二十三日に県の史跡に指定され、加えて建造物についても、現在「太田家住宅《おおたけじゅうたく》」および「太田家住宅朝宗亭《ちょうそうてい》」として、平成三年（一九九一）五月三十一日に国の重要文化財に指定されている。

これも福山

「いろは丸事件」の謎

慶応三年（一八六七）四月十九日、坂本《さかもと》龍馬《りょうま》率いる海援隊《かいえんたい》が乗った蒸気船「いろは丸」（伊予国大洲藩所有・一六〇トン）が大坂へ向けて長崎を出港した。そして二十三日の夜半、瀬戸内海の備後灘、讃岐箱ノ岬と備中六島《むしま》の間を東航中、紀州藩の蒸気船「明光丸《めいこうまる》」（八七八トン）と衝突した。機関部に損傷を受けたいろは丸は、近辺の主要港であった鞆の浦（以下、鞆）へと曳航されたものの、途中の宇治島《うじしま》付近で沈没してしまう。

午前八時頃、いろは丸の乗員三四名を乗せた明光丸が鞆に寄港した。鞆に上陸した龍馬ら海援隊士は、ひとまず土佐と所縁のある桝屋清右衛門《ますやせいえもん》宅に宿泊し、明光丸側は圓福寺《えんぷくじ》に宿泊した。

二十四日から二十七日までの間、紀州藩が用意した魚屋萬蔵《うおやまんぞう》宅や対潮楼にて、談判が昼夜行われたものの、交渉は決裂に終わり、場を長崎へ移すこととなった。交渉にあたって、龍馬らは航海日誌や『万国公法』を盾にするだけでなく、「船を沈めたその償いは、金をとらずに国をとる」の俗謡を長崎で流行らせ、世論をも利用して、有利に交渉を進めていった。最終的に、事故から一ヵ月後に紀州側が譲歩し、賠償金八万三五二六両一九八文を支払うことが決まり、その後の十月十九日には賠償金のうち一万三〇〇〇両余が減額され、七万両で妥協された。

これが海難審判上著名な訴訟で、我が国初の国際法の適用や海上定則の範となった「いろは丸事件」として、広く知れ渡るものである。なお、同年の十一月十五日、龍馬は京都河原町「近江屋」にて暗殺されるが、犯行の諸説の一つには、いろは丸事件を理由とした「紀州藩士報復説」がある。

さて、事件発生から約百二十年後、再び「いろは丸」に脚光が集められることとなった。昭和六十三年（一九八九）に結成された「鞆を愛する会」の有志によって、「いろは丸」と推定される沈没船が発見され、その調査が計画された。調査を委託された京都の水中考古学研究所（現・特定非営利活動法人 水中考古学研究所）により、平成元年（一九八九）から平成二年にかけて第一次から第三次にわたる調査が実施された。

その結果、海底に埋没した鉄製の船体が確認され、木製滑車・ダクトフード・各種金具類、陶磁器類や石炭などの遺物が引き揚げられた。また、平成元年には、鞆のシンボルである常夜燈の直ぐ手前に位置する登録有形文化財の保命酒蔵（平成九年九月三日登録）を利用した『いろは丸展示館』が開館され、引き揚げ資料などが展示されている。

平成十七年にも、第四次調査が実施されている。現在ところ、船体の規模や構造、遺物の年代などから勘案して、発見された沈没船は「いろは丸」であろうと判断されており、沈没地点（東経一三三度二九

桝屋清右衛門宅

分一五・三秒・北緯三四度一五分三六・六秒、水深二七メートル）は、「沈没船（十九世紀のイギリス船）埋没地点遺跡」として『広島県遺跡地図』にも記載され、周知の埋蔵文化財包蔵地となっている。
最後に、いろは丸事件をめぐるミステリーを紹介しておこう。これまでの調査では、積み荷とされる小銃は一丁も検出されておらず、銃の部品はおろか、一発の銃弾でさえ未確認な状況である。先述した龍馬が紀州藩に対して行った賠償請求の中には、当時最新式の小銃であったミニエー銃四〇〇丁分が積み荷として挙げられており、賠償金の大部分を占めていたのであるが、これはいったいどういうことなのであろうか。
歴史研究の方法を犯罪捜査にあてはめてみると、供述調書や目撃証言は文献史学や民俗学に、現場検証における物証は考古学に擬えることができる。結論を述べると、水中考古学調査において小銃を確認することができず、船外への散逸や腐朽した可能性も考慮に入れたとしても、まったく痕跡が認められないのは不可解なことである。要するに、元々「いろは丸」に小銃は積載されていなかったと考えるのが自然であろう。とすると、龍馬は虚偽の損害請求を行ったことになってしまう。
何れにしても、「いろは丸事件」という歴史的事件は、すでに時効を迎えており、その真相も海の中である。

魚屋萬蔵宅

いろは丸展示館

エピローグ

地域社会の近代化

本書を結ぶにあたっては、福山が生んだ全国に誇るべき二人の人物を紹介したい。

一人目は、現在の福山市加茂町粟根《あわね》に生まれた医師の窪田次郎《くぼたじろう》（一八三五～一九〇二）である。明治という新時代、在野の啓蒙思想家として自由民権活動を展開し、政治・教育・医療衛生と多岐に実践した。地租軽減や民選議院設立の願書などを県に提出するとともに、学習結社の「小田県蛙鳴群《あめいぐん》」、民衆啓蒙のため書籍を販売する「細謹社《さいきんしゃ》」を創設した。

その中でも、注目すべきは「啓蒙所《けいもうしょ》」の設立である。教育を重視した窪田次郎は『啓蒙社大意並びに規則』を記し、賛同を得るべく奔走し、明治四年（一八七一）二月六日、深津村の長尾寺《ちょうびじ》に最初の啓蒙所を開設する。以降、啓蒙所は管内町村七〇ヵ所、通学生は二七六五人となり、小田県設置後は備中地域へも普及し、明治五年八月の学制頒布時には八三ヵ所、通学生は五〇九五人となった。また同年十月、県は啓蒙所を小学校と見做し、翌年三月に文部省へ報告した際には一八八校であったという。

明治六年八月、福山を巡視した文部省の役人に「啓蒙所ニハ文部省モ聊カセンテヲ打タレタルノ感アリ」といわしめたと伝えられている。なお、医師である窪田次郎はバセドウ病や片山病（日本住血吸虫症）の研究にも尽力した。

二人目は、現在の福山市沼隈町草深《ぬまくまくさぶか》に生まれた社会教育家の山本瀧之助《やまもとたきのすけ》（一八七三〜一九三一）である。農家の一人っ子であった山本瀧之助は郷里に留まる中で、都鄙《とひ》に差別なく、青年こそが国家を背負うべきと、明治二十九年『田舎青年』を刊行した。近世以来の青年組織「若連中」による秩序や風紀の混乱が社会問題化する趨勢に、山本瀧之助は若連中を改め、新たに「青年会」の組織化に取り組んでいった。

そして、明治三十六年「千年《ちとせ》青年会」、同三十九年には沼隈郡内へ広がり、その翌年「沼隈郡青年会連合会」が結成された。会では夜学会・講談会・幻灯会・土木事業・農事改良等の活動が行われた。そうした動きは周辺地域へも波及し、やがて全国的に注目されることとなった。明治四十三年「第一回全国青年大会」が名古屋で開催され、大正期には人材育成機関として「青年団」が明確に位置付けられた。その後も、山本瀧之助は執筆や各地で講習を続け、「青年の父」と呼ばれた。

こうした特筆すべき二人の活動であるが、まさにそれは約二百五十年間におよぶ福山藩の歴史文化という土壌の中にあって、近代に開花したものといえるだろう。

あとがき

本書は一本の電話によって、こうして刊行に至っている。筆者にとっては忘れられない出来事であったので、その経緯を以下に記しておきたい。

過日、『シリーズ藩物語』の最終頁に掲げられている江戸末期の各藩の一覧に、「福山」という文字を発見した際、図々しくも出版社へ「福山藩」の刊行予定の問い合わせを行ったところ、「近日刊行予定です」とお返事を頂いたので、「では楽しみにしておきます！」と言って、直ぐに電話を切った。

数時間後、一仕事を終えて部屋に戻ると、電話に東京「〇三」で始まる不在着信があった。「んっ？」と思いながらも、電話を掛けなおしたところ、先の出版社に繋がり、「すみません。先程の件は他藩と勘違いしていました」ということであった。誠に丁寧な対応に驚くとともに、詳細な内容については記憶にないが、その電話の中で執筆依頼のお話を頂戴した。

こうした電話の遣り取りに何か御縁を感じるとともに、平成二十三年（二〇一一）四月、現在の勤務校に着任して以来、これまで福山の地域史研究を少しずつ進めてきたこともあって、浅学ながらもお引き受けした次第である。

奇しくも、平成三十年は「初代藩主水野勝成入封四〇〇年」、令和四年（二〇二二）は

「福山城築城四〇〇年」を迎える。こうした記念すべき節目の間に、どうにか刊行まで漕ぎ着けることができたことも、何か不思議な縁を感じざるを得ない。

執筆にあたっては、既刊の『広島県史』や『福山市史』等の各自治体史（誌）、地域の歴史系博物館・資料館の図録をはじめ、先学の研究を大いに参考させて頂いた。併せて、阿部 清・阿部正実・磯久容子・内田 実・卜部啓介・大上裕士・尾多賀晴悟・片岡 智・勝俣竜哉・加藤芳典・鐘尾光世・唐津彰治・久下 実・栗本良子・桑田直美・齊藤達也・佐藤昭嗣・皿海弘樹・下向井紀彦・十文字健・園尾 裕・谷重豊季・檀上浩二・西村直城・畑 信次・平林 工、藤井登美子・藤田綾乃・水野勝之・一般財団法人 義倉・一般社団法人 蟲喰鷹ノ羽・ふくやま草戸千軒ミュージアム（広島県立歴史博物館）・福山市しんいち歴史民俗博物館・福山市鞆の浦歴史民俗資料館・福山城博物館・福山市文化振興課・福山市歴史資料室・府中市歴史民俗資料館の諸氏・諸機関に御教示頂いた（敬称略・五十音順）。また編集の都合上、逐一引用や出典等を明示していないが、巻末の参考文献を御参照頂きたい。

最後になりましたが、執筆の機会を与えて頂き、辛抱強くお待ち頂いた現代書館の菊地泰博社長、一緒に伴走しながら編集でお世話になった加唐亜紀さんに心より御礼申しあげる。また、私事ですが、十一年間務めさせて頂いた福山市東部市民大学「郷土の歴史」の歴代の受講生の皆さん、いつも私を支えてくれる家族にも、この場をお借りして深謝したい。

参考文献

芦田川改修史編集委員会『芦田川改修史』建設省中国地方建設局 福山工事事務所、一九六八年。

菅茶山関係書籍発刊委員会編『菅茶山の世界—黄葉夕陽文庫から—』文芸社、二〇〇九年。

木村 礎・藤野 保・村上 直編『藩史大事典 第6巻 中国・四国編【新装版】』雄山閣、二〇一五年。

御殿場市教育委員会社会教育課編『阿部正直博士没後50年記念 雲の博爵—伯は博を志す—』御殿場市教育委員会社会教育課、二〇一六年。

鈴木康之『シリーズ「遺跡を学ぶ」40 中世瀬戸内の港町 草戸千軒町遺跡』新泉社、二〇〇七年。

社団法人 農山漁村文化協会編『人づくり風土記（34）ふるさとの人と知恵 広島』社団法人 農山漁村文化協会編、一九九一年。

園尾 裕編『「坂本龍馬といろは丸事件」〜船を沈めたその償いは金を取らずに国をとる〜』福山市鞆の浦歴史民俗資料館、二〇〇八年。同編『江戸末期からの鞆皿山焼』福山市鞆の浦歴史民俗資料館、二〇〇九年。

高梨和行・花房秀俊・松田和男編著『福山藩の砂留—その歴史的背景と構造—』広島県土木建築部砂防課・広島県福山土木建築事務所、一九九七年。

土井作治監修『図説 福山・府中の歴史』郷土出版社、二〇〇一年。

得能正通編『備後叢書（一）（二）（三）（四）』歴史図書社、一九七〇年。同編『続備後叢書(中)』歴史図書社、一九七一年。

広島県編『広島県史 近世1 通史Ⅲ』広島県、一九八一年。

同編『広島県史 近世2 通史Ⅳ』広島県、一九八四年。

同編『広島県史 近代1 通史Ⅴ』広島県、一九八〇年。

同編『広島県史 近世資料編Ⅰ』広島県、一九七三年。

同編『広島県史 近世資料編Ⅱ』広島県、一九七六年。

同編『広島県史 近世資料編Ⅴ』広島県、一九七九年。

同編『広島県史 近世資料編Ⅵ』広島県、一九七六年。

同編『広島県史 近代現代資料編Ⅰ』広島県、一七七三年。

広島県立歴史博物館編『備後表—畳の歴史を探る—』広島県立歴史博物館友の会、一九九〇年。同編『福山藩の教育と文化—江戸時代後期を中心に—』広島県立歴史博物館、一九九四年。同編『医師・窪田次郎の自由民権運動』広島県立歴史博物館、一九九七年。同編『絣—藍と木綿が織り成す文様—』広島県立歴史博物館、二〇〇三年。同編『阿部正弘と日米和親条約』広島県立歴史博物館、二〇〇四年。同編『姫谷焼と福山藩内の近世陶磁器窯跡』広島県立歴史博物館、二〇一八年。

福山市教育委員会編『鞆の伝統産業』福山市教育委員会、一九七九年。同編『姫谷焼—姫谷焼窯跡発掘調査報告—』福山市教育委員会、一九八〇年。

福山市教育委員会・福山市埋蔵文化財発掘調査団編『福山城跡—福山駅前広場整備工事（地下送迎場）に伴う第2次発掘調査報告書—』福山市教育委員会・福山市埋蔵文化財発掘調査団、二〇〇八年。同編『福山城跡—福山駅前広場整備工事（地下送迎場）に伴う第3・4次発掘調査報告書—』福山市教育委員会・福山市埋蔵文化財発掘調査団、二〇一〇年。

福山市史編纂会編『福山市史 中巻』福山市史編纂会、一九六八年。同編『福山市史 下巻』福山市史編纂会、一九七八年。

福山市史編さん委員会編『福山市史 近世資料編Ⅰ 政治・社会』福山市、二〇一一年。同編『福山市史 近世資料編Ⅱ 教育・文化・宗教』福山市、二〇一二年。同編『福山市史 原始から現代まで』福山市、二〇一七年。

福山市鞆の浦歴史民俗資料館編『鞆の浦の自然と歴史』福山市鞆の浦歴史民俗資料館活動推進協議会、一九九八年。同編『知られざる琉球使節〜国際都市・鞆の浦〜』福山市鞆の浦歴史民俗資料館活動推進協議会、二〇〇六年。同編『鞆まるごと博物館「鞆の町並と商家の賑わい」〜シーボルトも称賛〜』福山市鞆の浦歴史民俗資料館活動推進協議会、二〇〇七年。

福山市文化財協会編『新版 福山城』福山市文化財協会、二〇〇六年。

福山市文化財協会・福山市教育委員会編『福山の文化財—指定・登録文化財概説—』福山市文化財協会、二〇一一年。

福山城博物館編『水野勝成展—その軌跡と福山藩の誕生—』福山城博物館、二〇一六年。同編『福山藩・明治維新への胎動—老中阿部正弘から榎本武揚まで—』福山城博物館、二〇一七年。

福山水道史編纂委員会編『福山水道史』福山市水道局、一九六八年。

頼 祺一監修『義倉二百年史 資料編Ⅰ（近世）』一般財団法人 義倉、二〇一五年。同監修『義倉二百年史 資料編Ⅱ（近代・明治）』一般財団法人 義倉、二〇一六年。同監修『義倉二百年史 資料編Ⅲ（近現代・大正〜平成）』一般財団法人 義倉、二〇一九年。

八幡浩二（やはた・こうじ）
一九七五年、広島県尾道市生まれ。広島大学大学院文学研究科博士課程後期修了。博士（文学）。
現在、福山市立大学都市経営学部教授。福山市文化財保護審議会委員。
共著に『図説 尾道・三原・因島の歴史』（郷土出版社・二〇〇一年）、『都市をデザインする―福山市立大学開学記念論集―』（児島書店・二〇一一年）、『福山市史 原始から現代まで』（福山市・二〇一七年）などがある。

シリーズ藩《はん》物《もの》語《がたり》 **福《ふく》山《やま》藩《はん》**

二〇二一年六月二十五日 第一版第一刷発行

著者―――八幡浩二
発行者―――菊地泰博
発行所―――株式会社 現代書館
東京都千代田区飯田橋三―二―五 郵便番号 102-0072 http://www.gendaishokan.co.jp/
電話 03-3221-1321 FAX 03-3262-5906 振替 00120-3-83725
組版―――デザイン・編集室 エディット
装丁・基本デザイン―伊藤滋章（基本デザイン・中山銀士）
印刷―――平河工業社（本文）東光印刷所（カバー・表紙・見返し・帯）
製本―――鶴亀製本
編集―――加唐亜紀
編集協力―――黒澤 務
校正協力―――高梨恵一

江戸末期の各藩

松前、**八戸**、七戸、黒石、**弘前**、**盛岡**、**一関**、**秋田**、亀田、本荘、秋田新田、仙台、松山、**新庄**、**庄内**、天童、長瀞、**山形**、上山、**米沢**、米沢新田、相馬、福島、**二本松**、三春、**会津**、**守山**、棚倉、平、湯長谷、泉、**村上**、黒川、三日市、**新発田**、村松、三根山、与板、**長岡**、椎谷、**高田**、糸魚川、松岡、笠間、宍戸、**水戸**、下館、結城、**古河**、下妻、府中、土浦、麻生、谷田部、牛久、大田原、黒羽、烏山、喜連川、**宇都宮・高徳**、**壬生**、吹上、**足利**、佐野、関宿、高岡、佐倉、小見川、多古、一宮、**生実**、鶴牧、久留里、大多喜、請西、飯野、佐貫、勝山、館山、岩槻、忍、岡部、**川越**、沼田、前橋、**伊勢崎**、館林、高崎、吉井、小幡、安中、七日市、飯山、須坂、**松代**、**上田**、**小諸**、岩村田、田野口、**松本**、諏訪、**高遠**、飯田、金沢、荻野山中、**小田原**、**沼津**、小島、田中、掛川、**相良**、横須賀、浜松、富山、加賀、**大聖寺**、郡上、高富、苗木、岩村、加納、大垣、高須、今尾、犬山、挙母、岡崎、西大平、西尾、**三河吉田**、**田原**、大垣新田、尾張、**刈谷**、西端、長島、**桑名**、神戸、菰野、亀山、津、久居、鳥羽、宮川、彦根、大溝、山上、西大路、三上、膳所、水口、丸岡、勝山、大野、**福井**、鯖江、敦賀、小浜、**淀**、新宮、田辺、紀州、峯山、宮津、田辺、綾部、山家、園部、**亀山**、福知山、柳生、柳本、芝村、郡山、小泉、櫛羅、高取、高槻、麻田、丹南、狭山、岸和田、伯太、豊岡、出石、柏原、篠山、尼崎、三田、三草、明石、小野、姫路、林田、安志、龍野、山崎、三日月、赤穂、鳥取、若桜、鹿野、**津山**、勝山、新見、岡山、庭瀬、足守、岡田、岡山新田、浅尾、松山、鴨方、**福山**、**広島**、広島新田、高松、丸亀、多度津、西条、小松、今治、松山、**大洲・新谷**、**伊予吉田**、**宇和島**、徳島、**土佐**、土佐新田、**松江**、広瀬、母里、浜田、津和野、岩国、徳山、長州、長府、清末、小倉、小倉新田、**福岡**、**秋月**、**久留米**、柳河、**三池**、蓮池、唐津、**佐賀**、**小城**、鹿島、大村、島原、平戸、平戸新田、**中津**、杵築、日出、**府内**、臼杵、**佐伯**、森、**岡**、熊本、熊本新田、宇土、人吉、延岡、高鍋、佐土原、飫肥、薩摩、対馬、五島（各藩名は版籍奉還時を基準とし、藩主家名ではなく、地名で統一した）

★太字は既刊

シリーズ藩物語・別巻『白河藩』（植村美洋著、一六〇〇円＋税）

シリーズ藩物語・別冊『それぞれの戊辰戦争』（佐藤竜一著、一六〇〇円＋税）

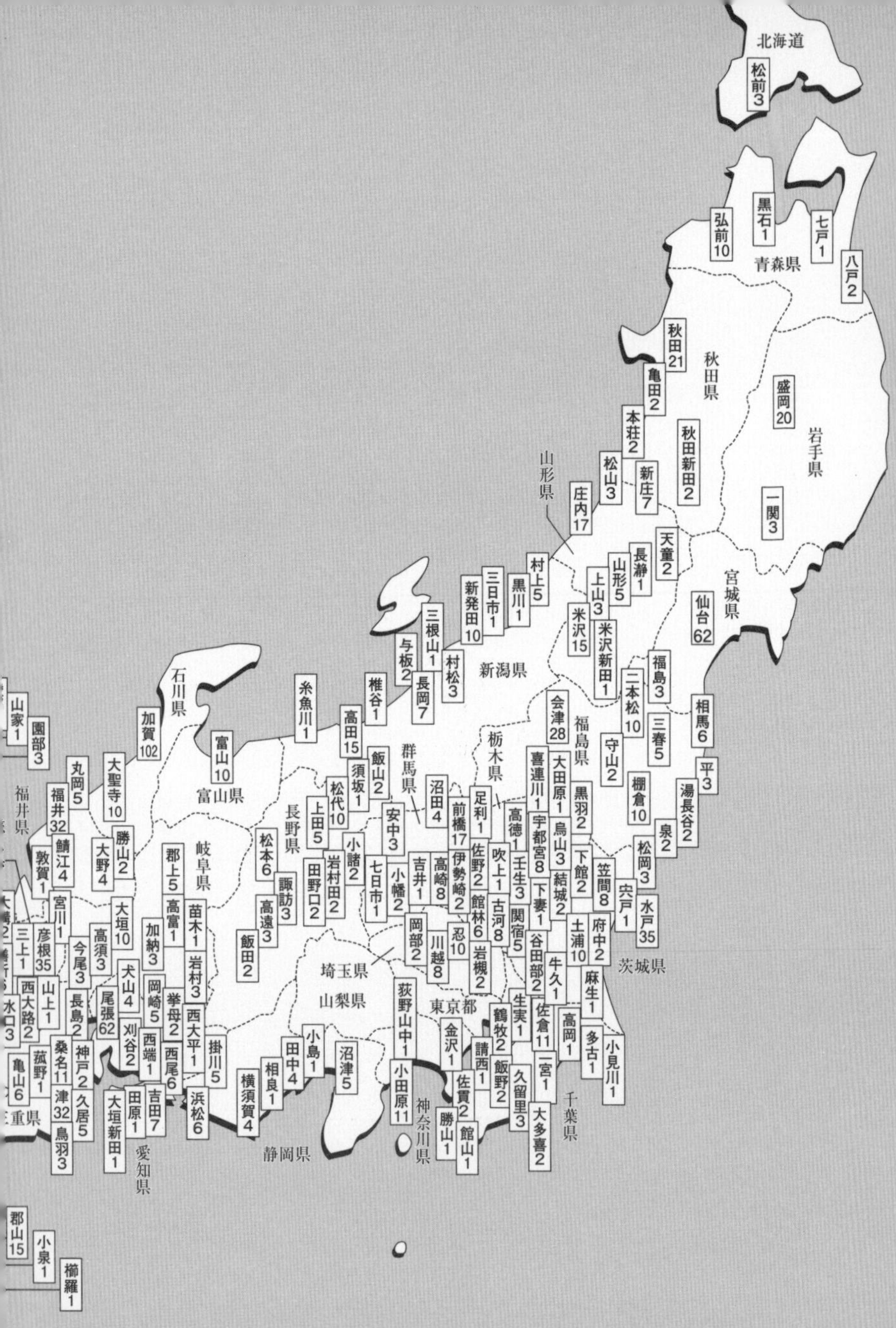

江戸末期の各藩
（数字は万石。万石以下は四捨五入）